अशोक वाजपेयी

अशोक वाजपेयी का जन्म 16 जनवरी, 1941 को दुर्ग, मध्य प्रदेश में हुआ। उन्होंने सागर विश्वविद्यालय से बी.ए. और सेंट स्टीफ़ेंस कॉलेज, दिल्ली से अंग्रेज़ी में एम.ए. किया। वे भारतीय प्रशासनिक सेवा में साढ़े तीन दशक, भारत भवन न्यास के सचिव और अध्यक्ष, महात्मा गांधी अंतरराष्ट्रीय हिंदी विश्वविद्यालय, वर्धा के संस्थापक-कुलपति, केन्द्रीय ललित कला अकादेमी के अध्यक्ष रह चुके हैं। इन दिनों दिल्ली में रज़ा फ़ाउंडेशन के प्रबन्ध-न्यासी हैं।

उनकी प्रमुख कृतियाँ हैं—'शहर अब भी संभावना है', 'एक पतंग अनंत में', 'अगर इतने से', 'कहीं नहीं वहीं', 'समय के पास समय', 'इबारत से गिरी मात्राएँ', 'दुख चिट्ठीरसा है', 'कहीं कोई दरवाज़ा', 'तत्पुरुष', 'बहुरि अकेला', 'थोड़ी-सी जगह', 'घास में दुबका आकाश', 'आविन्यों', 'जो नहीं है', 'अभी कुछ और', 'नक्षत्रहीन समय में', 'कम से कम'। कविता के अलावा आलोचना की 'फिलहाल', 'कुछ पूर्वग्रह', 'समय से बाहर', 'सीढ़ियाँ शुरू हो गई हैं', 'कविता का गल्प', 'कवि कह गया है', 'कविता के तीन दरवाज़े', 'कविता : क्या कहाँ क्यों' आदि कृतियाँ भी प्रकाशित हैं।

उन्हें 'साहित्य अकादेमी पुरस्कार', 'दयावती मोदी कवि शेखर सम्मान' और 'कबीर सम्मान' के अलावा फ्रेंच सरकार के 'ऑफ़िसर ऑफ़ द ऑर्डर ऑफ़ आर्ट्स एंड लेटर्स–2005' और पोलिश सरकार के 'ऑफ़िसर ऑफ़ द ऑर्डर ऑफ़ क्रास–2004' से सम्मानित किया जा चुका है।

प्रतिनिधि कविताएँ

अशोक वाजपेयी

सम्पादक
अरविंद त्रिपाठी

राजकमल पेपरबैक्स

राजकमल पेपरबैक्स में
पहला संस्करण : 1999
सातवाँ संस्करण : 2023

राजकमल पेपरबैक्स : उत्कृष्ट साहित्य के जनसुलभ संस्करण

राजकमल प्रकाशन प्रा.लि.
1-बी, नेताजी सुभाष मार्ग, दरियागंज
नई दिल्ली-110 002

शाखाएँ : अशोक राजपथ, साइंस कॉलेज के सामने, पटना-800 006
पहली मंजिल, दरबारी बिल्डिंग, महात्मा गांधी मार्ग, प्रयागराज-211 001
वेबसाइट : www.rajkamalprakashan.com
ई-मेल : info@rajkamalprakashan.com

बी.के. ऑफसेट
नवीन शाहदरा, दिल्ली-110 032
द्वारा मुद्रित

मूल्य : ₹150

PRATINIDHI KAVITAYEIN
Representative Poems of Ashok Vajpeyi
Edited by Arvind Tripathi

ISBN : 978-81-7178-704-3

भूमिका

अशोक वाजपेयी की कविताएँ मुझे क्यों पसंद हैं इसका उत्तर देना एक तरफ आसान है तो दूसरी तरफ कठिन भी। क्योंकि वे सिर्फ प्रश्नों के कवि नहीं बल्कि समग्र जीवन की उच्छल अनुगूंजों के कवि हैं। उनकी कविता प्रश्न पूछने के बजाय उत्तर ढूँढ़ती है। जीवन और समाज के ऐसे प्रश्नों के उत्तर जिसे हमने अपनी कविता से पूछना प्रायः बंद कर दिया है।

इसलिए उन्हें सिर्फ 'देह और गेह' का कवि कहना ज्यादती होगी। देखा जाय तो वे समग्र जीवन की अनुभूतियों को शब्द देने वाले कवि हैं। वे समय-बिद्ध और समय-बद्ध कवि होने के बजाय, समय के कभी पीछे, काफी पीछे जाते हैं और फिर अपने समय से आगे जाकर जीवन-समाज के ऐसे प्रश्नों को सामने लाते हैं जो पाठक को चमत्कृत नहीं, बल्कि उद्वेलित करते हैं। इसलिए उन्हें समय-बिद्ध कवि कहने के बजाय कालबिद्ध कवि कहना ज्यादा उपयुक्त है। उनकी कविता में यह कालबोध कोई आध्यात्मिक या रहस्यवादी प्रत्यय नहीं, बल्कि उसका समग्र बोध भौतिक, सामाजिक और साधारण जीवन की ही कथा है। उनकी कविता का पाट इसीलिए उनके समकालीनों के मुकाबले कहीं बहुत चौड़ा, विस्तीर्ण और गहरा है। जिसे लाँघने, थहाने में धैर्य की जरूरत है। वे प्रकृति से लेकर मनुष्य, पृथ्वी से लेकर ब्रह्मांड, माँ-पिता से लेकर अज्ञात पितरों; एक बच्चे की खोई गेंद से लेकर जाड़े के दिनों में ठिठुरते बीड़ी पीते बूढ़े चौकीदार तक की खबर अपनी कविता में रखते हैं। उनकी काव्यधारा में सिर्फ एक ही तरह का प्रवाह नहीं है बल्कि अनेक ऐसे प्रवाह हैं जिसका उद्गम स्रोत

हजारों साल की भारतीय कविता में रहा है। दिक्कत यह है कि उस प्रवाह को आज या तो हम अनदेखा करने के अभ्यस्त हो गए हैं या फिर चाहते हैं कि वह किसी कीमत पर बहे नहीं। क्योंकि यह मान लिया गया है कि उसका बहना कहीं पीछे लौटना है। जबकि जड़ों की ओर लौटना पीछे लौटना नहीं है। अशोक वाजपेयी अपनी कविता में काल और जीवन की सनातन लय को कसकर पकड़े हुए हैं। उनकी इस काल एकाग्रता को पश्चिमी अस्तित्ववाद की तर्ज पर रद्द करार नहीं किया जा सकता। बल्कि उनकी कविता की धड़कनों को सुनने के लिए हमें भारतीय कविता के हजारों वर्षों के इतिहास की यातना और सुख से गुजरना होगा। जैसे कवि बार-बार फूँककर उस दबी हुई आग को आज के समय, समाज और मनुष्य के भीतर जलाए रखना चाहता है।

इस दृष्टि से देखा जाय तो अशोक वाजपेयी की काव्यानुभूति की बनावट में सच्ची, खरी और एक सजग आधुनिक भारतीय मनुष्य की संवेदना का योग है जिसमें परंपरा का पुनरीक्षण और आधुनिकता की खोज दोनों साथ-साथ हैं। इस लिहाज से देखा जाय तो आजादी के इन पचास वर्षों की कविता का इतिहास जब लिखा जाएगा तो अशोक वाजपेयी उन थोड़े से हिंदी कवियों में एक होंगे जिनकी कविता की रूह में भारतीयता की एक गहरी छाप मौजूद होगी। जहाँ आपको कविता की परंपरा का सूक्ष्म पुनरीक्षण, काव्यभाषा की परंपरा का अपने समय में अचूक प्रयोग, अपनी संस्कृति, कला और सभ्यता के प्रति एक सजग आधुनिक अनुराग और समर्पण की आस्था मौजूद मिलेगी। यह दूसरी बात है कि आज अनेक लोग अशोक वाजपेयी के कवि को 'समय से बाहर' का कवि मानते हैं। जबकि सच्चाई यह है कि कविता किसी अखबार की ताजा खबर नहीं है जो अभी-अभी पढ़ी जाय और अभी-अभी नष्ट मान ली जाय।

इसीलिए अशोक जी की कविता का बोध एकायामी नहीं बल्कि बहुआयामी है। वे सिर्फ सामाजिक संघर्ष की जद्दोजहद में फँसे कवि नहीं हैं। बल्कि जीवन के अनछुए अनुराग, अनदेखे अंधकार और अधखिले फूलों के साथ, उन मुरझाए फूलों को भी प्यार करने वाले कवि हैं जिन्हें

प्रायः लोग देख नहीं पाते। कहना चाहिए इसीलिए उनकी कविता हमें लुभाती है और विवश करती है कि उसे बार-बार पढ़ा जाय।

समकालीन काव्य परिदृश्य पर अगर गौर किया जाय तो अशोक वाजपेयी एक महत्वपूर्ण और विरले कवि इस मायने में हैं, क्योंकि उन्होंने अपनी कविता में हमेशा नई जमीन की खोज जारी रखी है। ध्यान किया जाय तो उनकी कविता के मुख्य सरोकार हैं प्रेम, जीवन और मृत्यु। शायद ये तीन विषय ही मुख्य रूप से उनकी कविता में शामिल हैं। अब तक लिखी उनकी कविताओं का हिसाब लगाया जाय तो सौ से ऊपर कविताएँ प्रेम, जीवन और मृत्यु पर अलग-अलग लिखी गई हैं, जिनको एक साथ पढ़ते हुए आप प्रेम और मृत्यु जैसे विरोधी जीवन सत्यों को एक साथ अनुभव कर सकते हैं। उनकी कविताओं को पढ़ते हुए आप पाएँगे कि जितना प्रिय उन्हें प्रेम करना लगता है उतना ही प्रिय मृत्यु का वरण करना भी। इधर कुछ आलोचकों ने उन्हें शृंगार संवेदना का सिद्ध कवि कहना शुरू कर दिया है। पर विचार करने की बात है कि क्या अशोक वाजपेयी की प्रेम कविता में शृंगार परंपरा की उन सरणियों की खोज संभव है जहाँ हिंदी की मध्यकालीन कविता नायिका-भेदों के रहस्य में डूबती और उतराती रही है जिसकी आधुनिक जमाने में आचार्य शुक्ल ने जमकर धज्जियाँ उड़ाईं, भले ही वे बिहारी, देव, पद्माकर या घनानंद ही क्यों न रहे हों।

जाहिर है, शृंगार के प्रति ऐसा स्थूल आग्रह अशोक वाजपेयी के कविकर्म में नहीं है। वे पारंपरिक शृंगार के बजाय विशुद्ध सौन्दर्य बोध और प्रेम के अनन्य कवि शमशेर जैसे ही हैं। नई कविता के इतिहास में शमशेर यदि विशुद्ध सौंदर्य और प्रेम के एक अद्वितीय कवि हैं, तो आज इस परंपरा के दूसरे समर्थ कवि अशोक वाजपेयी ही हैं। अगर शमशेर और अशोक की कविता पर एक साथ दृष्टिपात किया जाय तो कई एक समानताएँ काव्यानुभूति के स्तर पर दिखायी पड़ेंगी। सौंदर्य और प्रेम के प्रति दोनों कवियों के रुझान और दृष्टि में गहरी समानताएँ हैं। इस मुद्दे पर विश्लेषण बहुत दिलचस्प हो सकता है। पर मेरी दृष्टि में नई कविता के इतिहास में शमशेर के सबसे निकट यदि कोई कवि बहुत पास खड़ा

है, समकालीन कविता में शमशेर की परंपरा का सूत्रपात कर रहा है तो इस साक्ष्य को पाने के लिए अशोक वाजपेयी की कविता से गुजरना एक दिलचस्प अनुभव हो सकता है।

अशोक वाजपेयी अपने कवि कर्म के बारे में स्वीकार करते हैं कि 'कविता लिखने का मेरा बुनियादी सरोकार संवेदना संसार को छूने का है... स्पर्श मुझे बहुत आकर्षित करता है और उसके प्रति मैं बहुत चौकन्ना भी हूँ।...मैने दुर्भाग्य से जो रास्ता चुना वह दूसरा रास्ता है। यह रास्ता ऐंद्रिकता के खुले स्वीकार का रास्ता है। मैं एक व्यक्ति हूँ और मैं संसार को छूना चाहता हूँ और कविता में छूने की एक मात्र विधि उसे ऐंद्रिक स्तर पर पाने की है। यह ऐंद्रिकता चाहे प्रेम की हो, चाहे मृत्यु की।' इस वक्तव्य को अगर अशोक वाजपेयी की कविता पर लागू किया जाए तो यह बात सही ठहरती है कि वे प्रेम, सौंदर्य और मृत्यु के निराले कवि इस माने में ज्यादा हैं कि उनमें गहरी ऐंद्रिकता और मांसलता है। पर वे क्षयी रोमांस के कवि नहीं हैं। उन्हें जितना जीवन का रोजमर्रा अनुभव लुभाता है, जितना प्रेम और सौंदर्य का ऐंद्रिक भावबोध टीसता है उन्हें उतनी ही मृत्यु की संवेदना भी आकृष्ट करती है। इस लिहाज से अशोक जी के काव्य संसार में पाठक का प्रवेश एक रोमांचक अनुभव है। जहाँ वे अपनी कविता में एक साथ जीवन और मृत्यु के अंतर्संघर्ष की गहन, मार्मिक और बेचैन कर देने वाली अभिव्यक्ति एक साथ करते हैं। शायद मृत्युबोध के लिहाज से निराला और श्रीकांत के बाद वे तीसरे ऐसे कवि हैं जिनकी कविता में जीवन और मृत्यु की छाया एक साथ परछाई डालकर डोलती है। वहाँ जीवन और मृत्यु के सनसनीखेज़ और विचलित कर देने वाले अनुभव दर्ज हैं। प्रेम के बरक्स मृत्यु से इतना प्रेम करनेवाला हिंदी में शायद दूसरा ही कोई कवि हो जो मृत्यु को किसी प्रेमिका की तरह गले लगाता है। हो सकता है मृत्यु अशोक वाजपेयी की अंतिम महबूबा हो जिसे पाना उनके लिए शोक का विषय नहीं बल्कि जीवन का कोई 'हर्डल रेस' हो–

दस्तक होगी दरवाजे पर/ और वह कहेगी कि/ चलो तुम्हारा
समय हो चुका/कोई नहीं जानता कि/ कितना समय और

बचा है/ मेरा या तुम्हारा...वह आएगी/ जरूर/ पर उसके आने के लिए/ कितने दिन और बचे हैं/ कोई नहीं जानता।

अशोक जी की मृत्युबोध की कविताएँ भारतीयता में अंत की अवधारणा की व्याख्या हैं जबकि नई कविता के अस्तित्ववादियों का मृत्युबोध पश्चिम की चरम निराशा का विस्फोट है। इस लिहाज से ये कविताएँ अद्वितीय हैं। मृत्यु की तरह प्रेम और सौंदर्य की अभिव्यक्ति देने में अशोक वाजपेयी को महारत हासिल है। इस लिहाज से भी वे समकालीन काव्य क्षितिज पर एक दुर्लभ कवि के रूप में उपस्थित हैं। गौर किया जाय तो अशोक वाजपेयी की कविताओं की मुख्य जमीन प्रेम और सौंदर्य ही है जिसे शृंगार कहा जा रहा है। प्रेम और सौंदर्य का ऐसा गहन आवेग और रागमयी गर्माहट उनके अन्य समकालीन कवियों में दुर्लभ हैं। ऐंद्रिक प्रेम की ऐसी कविताएँ प्रेम कविताओं के अकाल के इस भयावह दौर में काफी अहमियत रखती हैं। कवि की यह रोमैंटिक मुद्रा बहुत हद तक खतरा उठाकर अंततः प्रेम को समाज और कविता दोनों में जीवित देखना चाहती है। जबकि आज समाज और खासतौर से कविता में प्रेम को लेकर सेंसर के साथ कभी-कभी कर्फ्यू जैसी स्थिति दिखाई पड़ती है। ऐसे प्रेम-विरोधी समय और कविता में अशोक वाजपेयी लगभग अकेले अपनी साहस भरी मुद्रा में अपनी प्रेम कविताओं के साथ समकालीन कविता के क्षितिज पर निर्भय उपस्थित हैं। उनकी यह अकेली आवाज और उपस्थिति काबिलेतारीफ है। उनकी *कहीं और, प्रेम के लिए जगह, थोड़ी सी जगह, खोया हुआ प्यार, शुभकामना, अपनी अंजलि में, उसकी आवाज में, पत्थर से केलि करता पत्थर, एक नाम, सद्यःस्नाता, हाथ, शेष* सरीखी दर्जनों ऐसी प्रेम कविताएँ हैं जिन्हें आधुनिक कविता के इतिहास में हमेशा याद रखा जाएगा। इन प्रेम कविताओं का मुख्य स्वर समर्पण, सम्मोहन और प्रेम राग है, जिनमें प्रतीक्षा का भाव सबसे ज्यादा है। अपनी *शेष* शीर्षक कविता में कवि स्वीकार करता है कि 'सब कुछ बीत जाने के बाद/बचा रहेगा/प्रेम...गर्मियों में सूख गए झरने की चट्टानों के बीच/जड़ों में धँसी नमी सा/बचा रहेगा/अंत में प्रेम।'

उसकी आवाज में जैसी कविता विशुद्ध सौंदर्यबोध और प्रेम की एक

अनूठी कविता है। शायद प्रेम और सौंदर्य की यह ऐसी अकेली कविता है जहाँ कवि प्रेयसी की काया की अपेक्षा उसकी आवाज से ज्यादा सम्मोहित है—*उसकी आवाज में/आनेवाले फलों की/कसमसाहट है/उसकी आवाज अलसाई हुई है आम्र मंजरियों से/उसकी आवाज/भर देती है सुगंध से/सुनसान को/उसकी आवाज में बजते हैं अनंत के नूपुर।* इन प्रेम कविताओं में ऐंद्रिक बिंब और प्रतीक योजना प्रकृति और जीवन के ऐसे अनछुए अनुभवों को स्पर्श करती है जो अशोक वाजपेयी की अचूक काव्यकला के उदाहरण हैं।

अशोक वाजपेयी के कवि-कर्म पर दृष्टिपात करते हुए यह अक्सर आरोपित किया जाता है कि वे संघर्ष विमुख और समाज निरपेक्ष कवि हैं। शायद यह आरोप वे लगाते हैं जो उन्हें मार्क्सवाद का विरोधी मानते हैं। जबकि सच्चाई यह है कि वे मार्क्सवाद के विरोधी नहीं बल्कि उससे असहमत कवि हैं। किसी विचार से असहमति रखना किसी मनुष्य और लेखक का बुनियादी अधिकार है। क्या मार्क्सवाद से असहमति रखना समाज-विरोधी होना है ? देखना यह चाहिए कि क्या अशोक वाजपेयी की कविता जन-विरोधी, समाज-विरोधी या मनुष्य-विरोधी है ? जाहिर है इन प्रश्नों का जवाब उनकी कविता के आधार पर किसी आलोचक, पाठक को देना कठिन होगा, क्योंकि उनकी कविता का मुख्य सरोकार मनुष्य ही है। उसमें साधारण जन और मध्यवर्ग की दुनिया रची-बसी है। मैं नहीं समझता कि वहाँ कहीं किसी अभिजन मनुष्य या अभिजन समाज का महिमामंडन या बखान है। उनकी कविता में प्रवेश किया जाए तो एक ऐसी दुनिया दिखाई देगी जो मूल्यों के क्षरण से छिन्न-भिन्न और असमान व्यवस्था की दुरभिसंधि के चलते अंग-भंग हो गई है। ऐसे शिकार लोगों की जिंदगी की जितनी मार्मिक व्याख्या अशोक वाजपेयी की कविता में मौजूद है, उसे अगर आप उनके सामाजिक कर्म की कविता नहीं मानते तो बात दीगर है। वर्ना उनके काव्य संसार में दर्जनों ऐसे प्रतीक, बिंब और दृश्य दिखाई देंगे जिनमें साधारण जन की पुकार सुनाई पड़ती है। मसलन वहाँ प्रेम में विह्वल एक बुढ़िया अपनी गुदड़ी से निकाल तोते द्वारा खाए फल को अपनी नातिन को देती है, घंटी बजाते अपनी साइकिल पर

चिट्ठियों और पैकेटों को लादे बेतहाशा भागता डाकिया है, जंगल में कंडे और लकड़ियाँ बीनती बुढ़िया है और उसकी झोपड़ी में बिना रसोइए के खदबदाती दाल है, जलधि पर तैरता, पत्ते पर लेटा अँगूठा चूसता शिशु है, बाजार में बहियाँ बिछाकर हिसाब करते साहूकार हैं और दूसरी तरफ आधा किलो कुम्हड़ा तौलता कुँजड़ा है, अलस्सुबह अपने दुख को टोकरी में भरकर सब्जी मंडी ले जाता एक आम आदमी है, वहीं एक गरीब बच्चा पनाले के किनारे बैठकर गिलास में दूध के बजाए अपने दुख भर कर पी रहा है दूसरी तरफ ढाबे की मेज पर अपना जाँगर पेरते एक बच्चे का नष्ट होता बचपन है। नींद के आखिरी आगोश में जाने के पहले एक बुढ़िया के बगल में रखी कटोरी में भरा हुआ पानी है जिससे गर्मी से झुलसी हुई चिड़िया प्यास बुझाएगी, एक किसान के पुरखे के पैरों की घिसी हुई चप्पल है। जाहिर है ऐसे सैकड़ों काव्य-चित्र, प्रतीक, उपमान और बिंब उनके काव्य-संसार में भरे पड़े हैं जो उनके काव्यात्मक सरोकारों को स्पष्ट करते हैं।

देखा जाए तो **शहर अब भी संभावना है** (1966) के कोई अठारह वर्ष बाद अशोक वाजपेयी की कविता का जब दूसरा दौर आरंभ हुआ तो उनकी कविता में तीव्र बदलाव आया। इस बदलाव में उनकी सामाजिक चेतना का हिस्सा कम महत्वपूर्ण नहीं है जो लगातार विकसित हुई है। उनके सामाजिक कर्म की कविता का मुख्य सरोकार है—क्रांति की विफलताओं और चरम अमानवीयता के दौर में मनुष्य की अस्मिता को किसी भी कीमत पर बचाए रखने की कोशिश। पर इस कोशिश में उनके सामाजिक कर्म की कविता का स्वर क्रांति की हड़बड़ी और युवा मन की नाराज मुद्रा अख्तियार करने के बजाए समाज में मनुष्य के विवेक को बहुत विनम्र होकर वाणी देना है। शायद इसीलिए अशोक वाजपेयी अपनी अनेक कविताओं में दुख के मोर्चे पर लड़ते हुए आदमी को बचाए रखने की कोशिश करते हैं। वे कहते हैं *अगर बच सका/तो वही बचेगा/हम सबमें थोड़ा सा आदमी*। इस आदमी को बचाने के लिए अशोक वाजपेयी का काव्य संघर्ष उतना ही महत्वपूर्ण है जितना उनकी समकालीन, परवर्ती या पूर्ववर्ती पीढ़ी के अनेक प्रतिबद्ध कवियों का काव्य संघर्ष। इस लिहाज

से *छोटी सी दुनिया, कुछ तो आना, सड़क पर एक आदमी, वह आदम, दुख, लड़ाई, ऐसे जैसे, बेखबर, ऐन वक्त पर, कुछ देर के लिए; मुझे चाहिए, वे बच्चे* जैसी अनेक ऐसी कविताएँ हैं जिनके सामाजिक सरोकारों की किसी प्रतिबद्ध कवि के बरक्स रखकर शिनाख्त की जा सकती है।

यह सही है कि वे उन कवियों में शामिल नहीं हैं जो हमेशा क्रांति और परिवर्तन के खयाल में डूबे एक रूमानी क्रांति के स्वप्न में बंद होकर प्रायः विफलता के बाद निराश होकर घर लौटने लगते हैं। बल्कि अशोक वाजपेयी बार-बार ऐसे मोड़ पर घर से बाहर निकलते हैं और उन लोगों से मिलते हैं जिनके पास हिम्मत नहीं है, जिन्होंने जीवन में संघर्ष का माद्दा खो दिया। इस दृष्टि से देखा जाए तो अशोक वाजपेयी जीवन और समाज में गहरे आशावाद के भी कवि हैं। कवि का यह आशावाद महज खामखयाली नहीं है बल्कि आज बीसवीं शताब्दी के अँधेरे में पूरी हिम्मत से चलकर एक नया रास्ता बनाने और पाने की विकल कोशिश है। वे अपनी काव्य-प्रक्रिया के बारे में खुद कहते हैं कि 'मेरी अधिकांश कविताएँ दरअसल व्यक्तियों को संबोधित हैं। कुछ व्यक्तियों को। उन पत्रों की तरह जिन्हें मैं भेज नहीं पाया...जहाँ तक मानवीय उपस्थिति का प्रश्न है मैं कभी भी निरे निपट, सुनसान और एकांत में लिख नहीं सकता। मुझे शोरगुल चाहिए आस-पास के लोगों की आवाजें चाहिए और यदि ये न भी हों तो मेरा मन अपनी स्मृति में ऐसी आवाजें रचता है।'

इस तरह देखा जाए तो अशोक वाजपेयी सामाजिक यथार्थ की सच्चाइयों से मुँह नहीं चुराते बल्कि कई बार वे बहुत साहस के साथ चीजों से बेखौफ आँख मिलाते हैं। लेकिन यह सही है कि वे औरों की तरह उतने मुँहजोर कवि नहीं हैं, जितना वे अपने आलोचनात्मक लेखन में दीखते हैं। वे अपनी कविता में हमेशा विनम्र, प्रेम पिपासु, उत्सुक, अन्वेषी, कहीं-कहीं मायावी मनुष्य लगते हैं, जिसे इस जीवन जगत से गहरा प्रेम है। एक और उल्लेखनीय तथ्य है कि वे समकालीन काव्यशास्त्र की बनी-बनाई रूढ़ियों, प्रचलित रास्तों को छोड़कर अपनी राह पर चलनेवाले निर्भय कवि हैं। ऐसा करते हुए वे बार-बार भवभूति को स्मरण करते हैं। जैसाकि *मुझे चाहिए* कविता में उनका कवि दुनिया के अभिशप्त लोगों

की जिंदगी बदलने के लिए लालटेन की रोशनी के बजाए एक धधकता हुआ सूर्य चाहता है—*इस जरा सी लालटेन से नहीं मिटेगा/मेरा अँधेरा/मुझे चाहिए/एक धधकता हुआ ज्वलंत सूर्य।* बड़ी बात यह है कि आज समाज में फैली हुई विषमता को दूर करने के लिए जब लोगों को सारे विकल्प शून्य नजर आ रहे हैं ऐसे में कवि को विश्वास है कि कविता ही एक अंतिम विकल्प शेष है जो आज आदमी और समाज को साहस के साथ जीने का संकल्प दे सकती है। उसे यकीन है कि कविताएँ साथ देंगी—*मैं अपने खाली हाथ/और भरा हुआ हृदय लिए लौट जाऊँगा/अपने अँधेरे में/जहाँ कविताएँ दियों की तरह/जलती बुझती रहती हैं।*

देखा जाए तो यह विश्वास अशोक वाजपेयी के कवि-कर्म का सच है, जिससे साक्षात्कार करने के लिए उनकी कविताओं से बार-बार गुजरना जरूरी है। अशोक वाजपेयी की इन प्रतिनिधि कविताओं का संचयन हालाँकि मेरे अकेले चुनाव का प्रतिफल है इसलिए वह कवि के अब तक के किए-धरे का संपूर्ण श्रेष्ठ चुनाव हैं, ऐसा कहने में मुझे गहरा संदेह है। मैं भी आपकी तरह एक पाठक हूँ। पर इस चयन को तैयार करते हुए मेरी कोशिश रही है कि पाठक अशोक वाजपेयी की प्रतिनिधि कविताओं से एक साथ, एक जगह समग्र साक्षात्कार कर सकें।

गणतंत्र दिवस 99
नयी दिल्ली

—अरविंद त्रिपाठी

क्रम

अपनी आसन्नप्रसवा माँ के लिए

तीन गीत

काँच के टुकड़े

काँच के आसमानी टुकड़े
और उन पर बिछलती सूर्य की करुणा
तुम उन सबको सहेज लेती हो
क्योंकि तुम्हारी अपनी खिड़की के
आठों काँच सुरक्षित हैं
और सूर्य की करुणा
तुम्हारे मुँडेरों भी
रोज बरस जाती है।

जीवित जल

तुम ऋतुओं को पसंद करती हो
और आकाश में
किसी-न-किसी की प्रतीक्षा करती हो—
तुम्हारी बाँहें ऋतुओं की तरह युवा हैं
तुम्हारे कितने जीवित जल
राहें घेरते ही जा रहे हैं।
और तुम हो कि फिर खड़ी हो

अलसाई, धूप-तपा मुख लिए
एक नए झरने का कलरव सुनतीं
—एक घाटी की पूरी हरी महिमा के साथ !

जन्मकथा

तुम्हारी आँखों में नई आँखों के छोटे-छोटे दृश्य हैं,
तुम्हारे कंधों पर नए कंधों का
हल्का-सा दबाव है—
तुम्हारे होंठों पर नई बोली की पहली चुप्पी है
और तुम्हारी उँगलियों के पास कुछ नए स्पर्श हैं
माँ, मेरी माँ,
तुम कितनी बार स्वयं से ही उग आती हो
और माँ, मेरी जन्मकथा कितनी ताज़ी
और अभी-अभी की है !

1960

लौटकर जब आऊँगा

माँ, लौटकर जब आऊँगा
क्या लाऊँगा ?
यात्रा के बाद की थकान,
सूटकेस में घर-भर के लिए कपड़े,
मिठाइयाँ, खिलौने,
बड़ी होती बहनों के लिए
        अंदाज़ से नई फ़ैशन की चप्पलें ?

या रक्त की एक नई सिद्धि
और गढ़ी हुई वीरगाथाएँ ?

क्या मैं आकर कहूँगा
मैंने दिन काटे हैं—एक समृद्ध आदमी की तरह
अपने परदे-ढँके कमरे की खिड़की से
मकानों की काई-रची दीवारों पर
निर्विकार आती सुबह देखते हुए ?

या क्षुद्रताओं की रक्षा में
निर्जन द्वीप-समूहों में
समुद्र से अकेले लड़ते हुए ?
क्या मैं बताऊँगा
कि मैं आया हूँ
अँधेरी गुफाओं में से

जहाँ भूखी क़तारें
रह-रहकर चिल्लाती हैं
गिद्धों और चीलों की चीत्कारों के बीच
माँ तुम्हारा प्रिय शोकगीत
'रघुपति राघव राजाराम...?

क्या मैं तुमसे कहूँगा
खुश हो माँ, अंत आ गया है
—जिसकी तुम्हें प्रतीक्षा थी
क्योंकि मैंने देखा है
नीले अश्व पर आरूढ़

भव्य अवतारी पुरुष को ?

या मैं सिर्फ़ एक क़िस्सा सुना पाऊँगा
नीले घोड़े पर सवार एक पिचके निर्वीर्य चेहरे वाले
आदमी की मौत का
एक छोटे-से गाँव में ?

या तुम्हारी तीखी नज़र को बचाते हुए
दूसरे खिलौनों के साथ
अपने छोटे भाई को दूँगा
एक काठ का नीला घुड़सवार ?

—क्या मैं लौटूँगा
अपनी निर्जल आँखों में अपमान भरे
जो अब हर रास्ते पर छाया है
आकाश की तरह
और तब,
क्या तब तुम पहली बार पहचानोगी—
मेरे चेहरे में छुपा
अपना ही ईश्वरदूषित चेहरा ?

माँ,
लौटकर जब आऊँगा
क्या लाऊँगा ?

1964

युवा जंगल

एक युवा जंगल मुझे,
अपनी हरी उँगलियों से बुलाता है।
मेरी शिराओं में हरा रक्त बहने लगा है
आँखों में हरी परछाँइयाँ फिसलती हैं
कंधों पर एक हरा आकाश ठहरा है
होंठ मेरे एक हरे गान में काँपते हैं :
मैं नहीं हूँ और कुछ
बस एक हरा पेड़ हूँ
—हरी पत्तियों की एक दीप्त रचना !
ओ जंगल युवा,
बुलाते हो
आता हूँ
एक हरे वसंत में डूबा हुआ
आऽताऽ हूँ...।

1959

पहला चुंबन

एक जीवित पत्थर की दो पत्तियाँ
रक्ताभ, उत्सुक
काँपकर जुड़ गईं
मैंने देखा :
मैं फूल खिला सकता हूँ।

1960

प्यार करते हुए सूर्य-स्मरण

जब मेरे होंठों पर
तुम्हारे होंठों की परछाइँयाँ झुक आती हैं
और मेरी उँगलियाँ
तुम्हारी उँगलियों की धूप में तपने लगती हैं
तब सिर्फ़ आँखें हैं
जो प्रतीक्षा करती हैं मेरे लौटने की
उन दिनों में, जब मैं नहीं जानता था
कि दो हथेलियों के बीच एक कुसुम होता है
—सूर्यकुसुम !

जब अँधेरे दरवाज़े पर खड़े होकर
तुम एक गीत अपने कंधों से
मेरी ओर उड़ा देती हो
और मैं एक पेड़ की तरह खड़ा रहता हूँ
तब सिर्फ़ आँखें हैं
जो प्रतीक्षा करती हैं मेरे लौटने की
उन दिनों में, जब मैं नहीं जानता था
कि दो चेहरों के बीच एक नदी होती है
—सूर्यनदी !

जब तुम मेरी बाँहों में
साँझ-रंग-सी डूब जाती हो
और मैं जलबिंबों-सा उभर आता हूँ
तब सिर्फ़ आँखें हैं
जो प्रतीक्षा करती हैं मेरे लौटने की
उन दिनों में, जब मैं नहीं जानता था
कि दो देहों के बीच एक आकाश होता है
—सूर्यआकाश

1960

जब हम प्यार करते हैं

जब हम प्यार करते हैं
तब यह नहीं कि आकाश अधिक दयालु हो आता है
या कि सड़कों पर अधिक खुशी चलने लगती है
बस यही कि कहीं किसी बच्ची को
अपनी छत से उगता सूरज
और पड़ोस की बछिया देखना अच्छा लगने लगता है
कहीं कोई भीड़ में बुदबुदाते होठों में प्रार्थना लिए
एक जनाकीर्ण सड़क सकुशल पार कर जाता है
कहीं कोई शांत मौन जल
कंकड़ से नहीं, अपने संगीत से जगाता बैठा रहता है

जब हम प्यार करते हैं
तो दुनिया को छोटे-छोटे अंशों में सिद्ध करते हैं
और सुंदर भी, और समृद्ध भी...
हम वसंत को आसानी से काट देते हैं
और उसे एक ऐसे संयोग में गढ़ देते हैं
जो न ऋतुगान होता है, न टहनियाँ और न कोई स्पष्ट आकार
न काव्य, और न फूलों–चिड़ियों का कोई सिलसिला–
हम उसे दुनिया के हाथों में फेंक देते हैं
और दुनिया जब तक उसे देखे-परखे
हम चल देते हैं
छुप जाते हैं
ऋतु में, या काव्य में, या टहनियों के आकाश में...।

1960

स्टेशन पर विदा

तू अपना यौवन, अपनी हँसी
मेरे पास छोड़ गई
और तुझे ले गई
कोयले और पानी से चलती एक रेलगाड़ी।

1961

साँझ

साँझ
साँ ऽ झ ऽ
हर चेहरा विदा है...।

1959

दुःख तेरे होने का

आत्मसमर्पण के क्षण में
जब तू फूट-फूटकर रो उठती है
अपनी करुणा से घिर कर,
–तो जानती है मुझे क्या देती हैं तेरी आँखें,
तेरे अनावृत उरोज और सिहरता कनक-तन ?
–एक दुःख तेरे होने का,
और होकर प्यार करने का,
और प्यार कर समर्पित हो जाने का।

फिर मैं तुझे कामना से नहीं देख पाता
क्योंकि आँसुओं में डूबकर तू इतनी अधिक मेरी हो जाती है
कि मुझे सुंदर और अस्पृष्ट और अक्षत लगने लगता है
मेरी बाँहों में समाया तेरा बचपन
जिसमें तू रोती है
और जो दुःख देता है
        तेरे होने का...

1960

सुनो

"इन यू ऐट एव्री मूमेंट, लाइफ़ इज़ अबाउट टु हैपन"
—अलबर्तो द' लासेर्दा

1

सुनो अपने हाथ दो
सुनो अपनी बाँह दो
सुनो अपने नयन दो
सुनो अपने होंठ दो
        सुनो यों थको मत
        पसीजो मत
        सुनो, सुनो यों ऐंठो मत
सुनो फूटो मत
धार-धार हो बहो मत
सागर तुम हो

नदी की सीमा
जो मेरी है, गहो मत
सुनो...

सुनो जो फिर एक छोटा उदय चमकेगा
उसे नाम मैं दूँगा
कल खिलेगा तुम्हारा टहनियों पर
फूल वह,
वह सोनल शस्य तुम्हारा
उसे नाम मैं दूँगा
सुनो...
सुनो अपने हाथ दो !

2

सुनो अगर उदय की प्रतीक्षा विफल थी
तो क्या !
तुम फिर हाथ दे सकती हो
बाँह दे सकती हो !
सुनो अब भी सूखी टहनियों पर
चमकता है वह हलका आलोक-जल
अब भी ठहरा हुआ है
उत्सव-स्पर्श वह
सुनो अगर शस्य की
प्रतीक्षा विफल थी
तो क्या...!

1959

अंत तक

उस क्षण तक जीने देना मुझको
जब मैं और वह प्रियंवदा
एक डूबते पोत के डेक पर
सहसा मिलें।
दो पल तक न पहचान सकें एक-दूसरे को,
फिर मैं पूछूँ :
"कहिए, आपका जीवन कैसे बीता ?"
"मेरा...आपका कैसा रहा ?"
"मेरा..."
और पोत डूब जाए।

1957

दस वर्ष बाद बालसखा से अचानक भेंट*

एक पीला पुराना दिन अचानक मिला :
उसके पास न उसकी पहले की धूप थी
और न पिछले पेड़ों की क़तारें,
सिर्फ़ एक गीला आकाश था
—उसकी पुरानी पहचान
मैंने उसे पहचाना और वह
और भी गीला होकर मेरे कंधों पर झुक आया...
और मेरी आँखों में वह पुरानी धूप

---

* राजकुमार तिवारी के लिए

और पेड़ों की सैकड़ों परछाइयाँ आ गईं :
उसकी दुबली बाँहों के पास
कहीं कुछ चिड़ियों के बचपन की आहटें अब भी रुकी हुई थीं
और सूर्य के वसंत के पहले उजाले में
सीढ़ियों के एक लंबे सिलसिले पर
फिसलते पैर और सहमते हाथ अब भी ठहरे थे,
उसके हाथों में, उसके पैरों के पास,
बरसात की कुछ पुरानी धुनों में बुदबुदाते होंठ थे
और ढलती दोपहरी में झरते फूलों के अँधेरे
और बादलों की रोशनियाँ।

एक पीला पुराना दिन
बचपन की अनभ्यस्त उँगलियों से खिंची
कुछ टेढ़ी लकीरों में सहमता :
अपनी आकाश-आँखों में
दो सूर्य डुबाए हुए
अपना भी-मेरा भी–
अचानक मिला
वह पीला पुराना दिन
मुझे.......... !

1960

संभावना

शहर अब भी एक संभावना है
जाड़ों की एक दोपहर

एक व्यस्त सड़क पर
स्वेता के मित्र-हाथों को छूकर मैंने जाना......
मेरे हाथ ज़रा-सी देर बाद भूल गए
स्पर्श को
और हमेशा की तरह अकेले मेरे पास रह गए
ट्रैफ़िक सिगनल पर रुकी हुई भीड़ में
कहीं नहीं था
मेरे शरीर के लिए कोई अर्थ,
कहीं नहीं थी वह शांत निजी गरमी
जिसे मैं अपना प्रेम कह सकता;
एक हल्की-सी अप्रासंगिक हवा थी
जिसे झटका-सा देती हुई रुक गई एक बस;
हैंडल पकड़ते अपने हाथों को
मैंने दुःखी होकर देनी चाही अपनी करुणा
तो याद आए वे हाथ
जो अभी थोड़ी देर पहले उनमें थे,
उनसे जुड़ा वह शरीर जो प्रतिफलित हो चुका है
और एक शरीर में,
और फिर मुझे मिल गए कुछ शब्द
जिन्हें मैं वहाँ रख सकता था
जहाँ पहले वे हाथ थे........
खिड़की के हवा के ठंडे झोंके से सिहरते हुए
मेरे हृदय में हाथों के लिए
कविता के लिए
अब एक आशा थी
शहर अब भी एक संभावना है !

1963

उसके बाद

वह चली गई है
लेकिन अपना शहर,
जो मेरे और उसके बीच
कभी एक चट्टान था
कभी एक नरम बिस्तर,
मैंने नहीं खोया है,
मेरी भाषा अब भी मेरे पास है।
नगरपालिका को कोई ख़बर नहीं है
इस सब की–
और उसका भाई
किताबों की दुकान में
मुझसे अदब से मिलता है।
माँ के चेहरे पर
दैवी उदासी है,
करुणा सिर्फ़ बूढ़े चेहरों
जूठे बरतनों के पीतल में झलकती है !

सुख और तृप्ति की याद के आर-पार
हृदय स्पष्ट देखता है
ऊबड़-खाबड़ उदासीनता
और शहर को।

एक अकेली खिड़की खुलती है
एक अपरिभाषित आकाश पर
एक निस्तब्ध सड़क पर

अपने शब्दों को भय में लपेटे
पर सीटी बजाता हुआ
रोज़ रात गए
मैं लौटता हूँ अपने घर।

1965

इन्हीं दिनों

पिछले वर्ष इन्हीं दिनों

उसने चुपचाप
अपनी पीड़ा में
अंत की ओर आखिरकार जाने की
तैयारी शुरू की होगी

ईश्वर जीवन-भर उसे कुतरने के बाद
इन्हीं दिनों अपने आख़िरी कौर की
उत्सुक प्रतीक्षा में
घात लगाकर बैठा होगा

रक्त की नदी ने
इन्हीं दिनों
अपनी सूखी रेत में उभरती चट्टान को
अनुल्लंघ्य पाया होगा

इन्हीं दिनों पिता ने उस पार से

उसे खाना परोसने के लिए आवाज़ दी होगी
वैतरणी में नहाकर लौटने के बाद
इन्हीं दिनों
उसने हिम्मत कर
एक बार उठकर
हवा से हवा, आकाश से आकाश, मिट्टी से मिट्टी
अलग कर
अपनी पैतृक हड्डियों को फेंकने का तय किया होगा
उस कुत्ते की ओर
जो ज़िंदगी की तरह उम्मीद से
और मौत की तरह चालाक लालच से
उसकी ओर देखता रहा था

इन्हीं दिनों

1978

मौत की ट्रेन में दिदिया

ट्रेन के बरामदे में खड़े लोग
बाहर की ओर देखते हैं
पर न तो जल्दी ही उतरने और न ही कहीं अंदर
बैठने की जगह पाने की उम्मीद में

बिना उम्मीद के इस सफ़र में
दिदिया भी कहीं होगी दुबकी बैठी
या ऐसे ही कोने में कहीं खड़ी
और पता नहीं उसने काका की खोज की भी या नहीं

दोनों अब इसी ट्रेन में हैं जो बिना कहीं रुके
न जाने किस ओर चली जा रही है हहराती हुई
कहीं सीट पर
बरसों पहले आई कुछ महीनों की बहन भी है
जिसका चेहरा भी याद नहीं
और बड़ी सफेद दाढ़ीवाले मंत्र बुदबुदाते बाबा भी

न कोई नाम है न संख्या न रंग
सब एक-दूसरे से बेख़बर हैं और बेसामान
न ट्रेन के रुकने का इंतज़ार है न किसी के आने का
नीचे घास पर और आँगन में छुकछुक गाड़ी का खेल खेलते
जुनू डुल्लो दूबी चिंकू
उस ट्रेन की किसी खिड़की से
दिदिया को पता नहीं दीख पड़ते हैं या नहीं ?

1978

पिता के जूते

एक पैतृक वृक्ष है
नीले अनंत के किसी ढहते हुए चबूतरे के पास
छाया हुआ जड़हीन,
और उसके नीचे रखे हैं वे काले जूते
मरे हुए चमड़े के,
कुछ पसरे हुए जीवित पैरों के दबाव से
जो अब नहीं हैं।
पैर नहीं हैं
और न ही वह आदमी

जो उन्हें उस कोने में रखकर
चुपचाप चला गया
किसी और चबूतरे पर बैठकर
आगे की यात्रा तय करने के लिए।

वृक्ष पर फुदकने वाली रंगीन चिड़ियाँ
अलक्ष्य करती हैं
उन खाली जूतों को
पर रंगहीन वृक्ष डालता है
अपनी किसी शाखा की पतली छाया उन पर
धूप से उन्हें बचाने के लिए नहीं
बल्कि उन्हें धीरे से जताने के लिए
कि उसे याद है कि वे वहाँ हैं।
जूते कोशिश करके भी याद नहीं कर पाते
उन पैरों को जो उनमें थे।

वे सपना देखते हैं नन्हे पैरों का
जिनके लिए वे हमेशा बड़े साबित होंगे।

1978

दिवंगत बहन

समय पास बैठा रहा होगा चुपचाप
जब बहुत पहले
मैं अपनी बहन के साथ
खेल रहा था एक खेल

पत्थर पर चाक से ख़ाका खींचकर
और ईंट के घिसे टुकड़ों, इमली के सूखे बीजों से
सिक्कों का काम लेते हुए
समय पास बैठा रहा होगा चुपचाप
मुझे याद नहीं
धुँधलका जो था
खेल-खेल में खो गया था
उसका नाम
और फिर हँसते-हँसते हमने गढ़ी थी
एक भाषा
पर इतना उलझे थे हम
कि उसका इस्तेमाल करना भूल गए थे

समय मुस्कराया होगा गुपचुप
पर हमने देखा नहीं
बाद में शाम को
हमने गेट के सामने खड़े होकर
इंतज़ार किया
याद आने का उस भाषा के
हमने कौड़ियों, पंखों और पत्थरों को
इस–उस से जोड़ा कई बार
पर बन नहीं सका कोई व्याकरण

हर बार हमें अंदर से किसी ने पुकारकर
खाने के लिए बुलाया
हर बार हमें मिली अंदर
बैठी कमरे की मद्धिम रोशनी में

अपने प्राचीन चेहरे के साथ
निश्शब्द माँ !

1969

आओ

आओ,
जैसे अँधेरा आता है अँधेरे के पास
जैसे जल मिलता है जल से
जैसे रोशनी घुलती है रोशनी में।

आओ,
मुझे पहनो
जैसे वृक्ष पहनता है
छाल को
जैसे पगडण्डी पहनती है
हरी घास को।

मुझे लो
जैसे अँधेरा लेता है जड़ों को
जैसे पानी लेता है चन्द्रमा को
जैसे अनंत लेता है समय को।

1984

उत्तरराग

ढलती रात के कोमल आकाश में
नीचे की ओर झुका हुआ चन्द्रमा था
और वह थी
पास के पीपल में छुपे किसी रातपक्षी की
चीख़ थी।

उसका निरावृत शरीर था
अपने युवा वैभव में एकत्र
और अपने सँवलाए उजास में
चाँदनी को एक और रंग में बदलता हुआ.......

उसने देखा
वह एक अकेला शरीर था
जिसे उस पल
न वह छू सकता था
न उसकी कामना
न उसके शब्द
वह सिर्फ़ देखता रहा।

फिर भोर के आकाश ने रंग बदला
और उस शारीरिक उजास ने
उसने आँखें खोली भोलेपन से
उषा की तरह

बिना कुछ जाने

और हमेशा की तरह
अनुभव करते
कि भोर की कामना ही एकमात्र प्रार्थना है।
वह उसकी ओर उमगी
और उसने पाया
अब वह अकेला था।

1967

प्रेम

मैं उस पर ध्यान लगाए हूँ
जैसे मोची लगाता है अपने अधसिले जूते पर।

मैं पूरी तरह तैयार हूँ
कील-काँटे के साथ।
मैं अपने दूसरे कामों,
बातचीत, सुख और चिंताओं से
फ़ुरसत लेकर आया हूँ।
बच्चे अपने खेलों में व्यस्त हैं
और रोज़ की पीली चिड़िया फुदककर
नीली चाहत में दूर जा चुकी है।

मैं आकाश को
धीरे-धीरे नाप के हिसाब से काटता हुआ
उसके लिए आरामदेह जूते की शक्ल में बदल रहा हूँ।

यह एक पेड़ है हरी घास के ऊपर तना हुआ
और उसके नीचे मैं हूँ
बिना किसी ख़बर के इंतज़ार में
अधीरता से अपने चमड़े को गोंठता हुआ........

1978

पुत्र-जन्म

काग़ज़ों और क़ायदों की
सनसनीख़ेज़ गली से
ऊबे और नाराज़ चेहरों के बीच से
हाँफता हुआ आकर
जब मैं रुका
तो मैंने देखा
सामने विजय से भरी और परिपूर्ण
वह एक बेहोश स्त्री थी
प्रतीक्षा के एक लंबे झिलमिल सिलसिले के बाद
एक झरने की तरह द्रवित होती हुई।

सफ़ेद पवित्रता में लिपटा हुआ
अब सब-कुछ शांत था
पीड़ा की शारीरिक परिक्रमा के बाद
और पवित्रता की गोद में दुबका हुआ
अचरज जैसा सुकुमार वह था।

दोनों के बीच

संभावना का काँपता हुआ
नीला उजास था।

1968

जबर जोत

उसने एक पेड़ काटकर फेंक दिया
क़ानून की उस निष्क्रिय उपधारा की तरह
जो उस-जैसों के हित के लिए बनाई गई थी।
निर्धारित पद्धति से अलग
और गिरफ़्तारी का इंतज़ार करते हुए
उसने अपने नए साहस के सरल गणित को
पहली बार पहचाना।

मुंशी और हवलदार वहीं पास थे
रौब के सवैधानिक व्याकरण से बँधे हुए
और ज़िंदगी में
बहुत बार चुप रहने के बाद अब
वह बेपरवाह एक नया शब्द बोल रहा था–
ज़ाप्ता फ़ौजदारी और राजस्व संहिता में
जिसके लिए प्रावधान न था।

जमीन के जरा-से टुकड़े को अपना मानकर
उसने नाधा हल
और पहली बार
अपने को बैलों से अलग कर लिया।

एक कील-सी गड़ती चली गई
समृद्ध पातालिक शांति में
और बड़ी बी अट्टे पर से चीख़ीं
चीख़ उनकी आई नीचे तक बरकरार।
कानून तोड़नेवालों को पूरी मुस्तैदी से
हमने किया गिरफ़्तार।
सज़ा दी अदालत ने योग्य
आँकड़े सभी के एकत्र रोज़-रोज़।
लौट गए सभी निश्चिंत
अपनी रौब-दाब की क़ानूनसम्मत भाषा में
जुती-अधजुती परती पर
कुछ फूट ही आया
भादों के बादलहीन आसमान के नीचे
सूखते सुनसान में
कुछ हरे शब्द मुंतज़िर पड़े रह गए
पत्थर होने को।

1970

चीख़

यह बिलकुल मुमकिन था
कि अपने को बिना जोखिम में डाले
कर दूँ इंकार
उस चीख़ से,
जैसे आम हड़ताल के दिनों में
मरघिल्ला बाबू छुट्टी की दरख्वास्त भेजकर

बना रहना चाहता है वफ़ादार
दोनों तरफ़।

अँधेरा था
इमारत की उस काई-भीगी दीवार पर,
कुछ ठंडक-सी भी
और मेरी चाहत की कोशिश से सटकर
खड़ी थी वह बेवकूफ़-सी लड़की।

थोड़ा दमख़म होता
तो मैं शायद चाट सकता था
अपनी कुत्ता-जीभ से
उसका गदगदा पका हुआ शरीर।
आख़िर मैं अफ़सर था,
मेरी जेब में रुपिया था, चालाकी थी,
संविधान की गारंटी थी।
मेरी बीबी इकलौते बेटे के साथ बाहर थी
और मेरे चपरासी हड़ताल पर।

चाहत और हिम्मत के बीच
थोड़ा-सा शर्मनाक फ़ासला था
बल्कि एक लिजलिजी-सी दरार
जिसमें वह लड़की गप्प से बिला गई।
अब सवाल है कि चीख़ का क्या हुआ ?
क्या होना था ? वह सदियों पहले
आदमी की थी
जिसे अपमानित होने पर
चीख़ने की फ़ुरसत थी।

1971

अधपके अमरूद की तरह पृथ्वी

खरगोश अँधेरे में
धीरे-धीरे कुतर रहे हैं पृथ्वी।

पृथ्वी को ढोकर
धीरे-धीरे ले जा रही हैं चींटियाँ।

अपने डंक पर साधे हुए पृथ्वी को
आगे बढ़ते जा रहे हैं बिच्छू।

एक अधपके अमरूद की तरह
तोड़कर पृथ्वी को
हाथ में लिए है
मेरी बेटी।

अँधेरे और उजाले में
सदियों से
अपना ठौर खोज रही है पृथ्वी।

1985

ईश्वर

थिगड़े-लगे आकाश को पहने
नक्षत्रों के सूने गलियारे में
पृथ्वी को भजते हुए

वह एक बूढ़ा कवि है—
अभी भी इस आशा में
कि नश्वरता से बचा सकते हैं
शब्द।

1985

भागमभाग

एक दाना लेकर भाग रही है चींटी,
एक़ तिनका अपनी चोंच में दबाए
पछियाती है एक पीली चिड़िया,
पेड़ की शिराओं के रास्ते
पत्तियों की नोंक तक दौड़ रही है
हरियाली।

तितलियों के पंखों से लिपटकर
उड़ रहा है मकरंद।

परसों की आतिशबाज़ी के बाद बचे
ख़ाली पटाखों के खोखल लेकर
भाग रहे हैं बच्चे......
पहाड़ी की आख़िरी चट्टान से
अन्न लेकर भाग रही है बुढ़िया।

धूप को टोकनी की तरह सिर पर धरे
भाग रही है पृथ्वी।

और पृथ्वी को एक बिल्ली की तरह
अपने कंधे पर बिठाए
संसार के उजालों की ओर
भाग रही है मेरी बेटी।

1985

तोतों से बची पृथ्वी

तोतों के रास्ते पर पड़ता है हमारा घर
जिस रास्ते वे जंगल जाते
और वहाँ से लौटते हैं
उस रास्ते पर।

अनगिनत तोतों की हरी लकीरें
आती-जाती हैं हमारे ऊपर के आकाश में
और उनमें से कुछ
हमारे पेड़ों पर भी ठहरते हैं।

हम शहर में रहते हैं,
पता नहीं किस जंगल से किस जंगल को,
किस बसेरे से कहाँ काम को
तोते रोज़ जाते हैं !

कई बार मैं और मेरी बेटी
एक खेल खेलते हैं शर्त लगाने का कि
तोतों का कौन-सा दल

हमारे पेड़ों पर ठहरेगा
या नहीं ठहरेगा।
तोते हमें नहीं देखते
क्योंकि उनकी नज़रें हमेशा ही
पेड़ों और उन पर लगे पत्तों पर होती हैं।

तोते
एक हरा आकाश बनकर
छा जाते हैं पृथ्वी पर।
तोते छोड़ देते हैं
अधखाए फल की तरह पृथ्वी को।

मेरी बेटी
भाग-भागकर उड़ाती है तोतों को,
बचाती है फलों को,
पृथ्वी को।

आकाश में, अँधेरे में,
दूरियों में अदृश्य हो जाते हैं तोते।

हरीतिमा से चमकती
खड़ी रहती है मेरी बेटी
पृथ्वी को सहेजकर दुलराते हुए।

1985

एक गुड़िया की तरह पृथ्वी

पृथ्वी के आस-पास
मँडराते हैं देवता
नक्षत्र और गंधर्व।

पृथ्वी की परिक्रमा करते हैं
प्राचीन संत, राक्षस
और इतिहास में ओझल समय।

जो पृथ्वी वसुंधरा थी,
जो पृथ्वी उबरी थी समुद्र से,
उस पृथ्वी को
एक गुड़िया की तरह
गहने-गुरिया पहनाकर
अपने पास बिस्तर में सुलाए
नींद में डूबी है
सपने-सी मेरी बेटी।

1986

पूर्वजों की अस्थियों में

हम अपने पूर्वजों की अस्थियों में रहते हैं !

हम उठाते हैं एक शब्द
और किसी पिछली शताब्दी का वाक्य-विन्यास

विचलित होता है,
हम खोलते हैं द्वार
और आवाज़ गूँजती है एक प्राचीन घर में कहीं !

हम वनस्पतियों की अभेद्य छाँह में रहते हैं
कीड़ों की तरह।

हम अपने बच्चों को
छोड़ जाते हैं पूर्वजों के पास
काम पर जाने के पहले।

हम उठाते हैं टोकनियों पर
बोझ और समय।
हम रूखी-सूखी खा और ठंडा पानी पीकर
चल पड़ते हैं
अनंत की राह पर
और धीरे-धीरे दृश्य में
ओझल हो जाते है
कि कोई देखे तो कह नहीं पाएगा
कि अभी कुछ देर पहले
हम थे।

हम अपने पूर्वजों की अस्थियों में रहते हैं !

1986

बच्चे एक दिन

बच्चे
अंतरिक्ष में
एक दिन निकलेंगे
अपनी धुन में,
और बीनकर ले आएँगे
अधखाए फलों और
रकम-रकम के पत्थरों की तरह
कुछ तारों को।

आकाश को पुरानी चाँदनी की तरह
अपने कंधों पर ढोकर
अपने खेल के लिए
उठा ले आएँगे बच्चे
एक दिन।

बच्चे एक दिन यमलोक पर धावा बोलेंगे
और छुड़ा ले आएँगे
सब पुरखों को
वापस पृथ्वी पर,
और फिर आँखें फाड़े
विस्मय से सुनते रहेंगे
एक अनंत कहानी
सदियों तक।

बच्चे एक दिन...

1986

वह दिगंबरा आकाश की शैया पर

वह दिगंबरा आकाश की शैया पर.......

उसकी कंचुकी उतारकर
ले गया है चंद्रमा
उसका अधोवस्त्र
हर ले गया सूर्य
उसके अनावृत उरोज
दिपते हैं ताराओं से

उसे लेता है
हरी दूब की सौंधी गंध से
महकता अँधेरा

उसे बेधता है
ताज़े दूध की तरह धारोष्ण आलोक

वह दिगंबरा आकाश की शैया पर.......

1985

मैंने उसे छुआ

मैंने उसे छुआ
जैसे आकाश को छुआ
जैसे उसके एक नक्षत्र को

उसकी उँगली में अँगूठी की तरह पहना दिया।

जैसे अँधेरा मेरे पास आया बताने
देखो वह एक दीपशिखा है
जैसे हवा ने पहचाना उसका रंग—उसकी आभा।
मैंने सौभाग्य से कहा
वह मेरी बाँहों के घेरे में नहीं है
दूर है पर साथ खड़ी है।

मैंने उसे छुआ
जैसे आकाश को, नक्षत्र को
अँधेरे को, आभा को
सौभाग्य को छुआ।

1986

एक फूल की याद

फिर आ गए हैं फूल—टेसू में
और वहाँ-वहाँ जहाँ इन दिनों आते हैं
जैसे सेमल में......

वह एक फूल था जो फिर नहीं आया !

यों आने की कोई बात नहीं थी
पर उसे आना था
जैसे फिर आ गए हैं फूल—टेसू में।

मैं प्रतीक्षा नहीं करता
और न दुख मानता हूँ।
सिर्फ़ कभी-कभी बीच में अचानक सोचता-भर हूँ
कि वह कैसा फूल था
जो मुझमें रह गया है
और यह कितना संभव लगता है
कि मेरी उँगलियों के स्पर्श से
कोई हरी पत्ती काँपेगी
और धीरे-से फूल आएगी
उस फूल में, जिसे आना था
और जो नहीं आया है।

वैसे फिर आ गए हैं फूल—टेसू में
और वहाँ-वहाँ जहाँ इन दिनों आते हैं !

1960

बहुत पास से प्यार

अँधेरे में
जब किसी लंबी सड़क पर चलता हूँ
तो तुम्हें
बहुत पास से प्यार करता हूँ
बिजली के खंभे छू-छूकर !

1959

एक ऑटोग्राफ़

जितना मैं सड़क के बीहड़पन
बत्तियों के ऊपर के अँधेरे
पेड़ के झुकाव और बादल के रंग को
स्वीकार लेता हूँ–
उतना, सिर्फ़ उतना
तुम्हें अपना प्यार देता हूँ।

1958

प्यार के बाद

सड़कें उतनी सूनी और लंबी और अँधेरी नहीं होती थीं
जितना हम समझते थे।
पेड़ उतने ऊँचे और चुप नहीं होते थे
जितना हम सोचते थे।
आकाश उतना काला और अकेला नहीं होता था
जितना हम पहचानते थे।
घासें उतनी सूखी और पीली नहीं होती थीं
जितना हम देखते थे।
दूर की आवाज़ें, पंखों की फड़फड़ाहटें,
टिम-टिमकर बुझती बत्तियाँ उतनी अपरिचित नहीं होती थीं
जितना हम मानते थे।
हम जो एक-दूसरे से कविताओं में बोलते थे,
आवेश में कसकर चूमते थे,
देर तक चाँद की प्रतीक्षा करते थे,

अँधेरे में पेड़ पहचानते थे,
सड़कों के मोड़ भूल जाते थे,
पुलिया के पीछे छिपकर कूका-सा देते थे,
वह सब उतना मिट नहीं गया
जितना हम समझते थे।

1959

चाँद के तीन टुकड़े

चाँद के तीन टुकड़े हैं
जिनमें से एक मेरे पास है
मेरी आँखों में, मेरे दिल में,
और एक तुम्हारे पास है
जिसे तुम चुंबन से अलग रखकर
साफ करती चमकाती रहती हो
और मेरी कामना का वह अँधेरा
तुम्हारे खिंचे उरोजों के बीच
कहीं अटका रह जाता है।
चाँद का एक टुकड़ा और है
जिसे मैं तुमसे बचाकर किन्हीं और आँखों में
धीरे से खिसकाया करता हूँ।

1958

छोटी-सी दुनिया

यही जो छोटी-सी दुनिया हमें मिली है
सच है, सुंदर है
और असह्य भी–
यही सम्हाले नहीं सम्हलती है
यही भरी है इतने हर्ष से, यही द्रवित है इतने विषाद से।

अपने बगल में टुकर-टुकर ताकती गिलहरी से
कहा फूल ने–
एक बुढ़िया अपनी गुदड़ी से निकालकर
एक तोता-खाया फल अपनी नातिन को देते हुए
यही बोली।

छोटी-सी है तितलियों और मधुमक्खियों की दुनिया,
छोटी-सी दुनिया तोतों और बगुलों की,
आम और अमरूद की, इमलियों और बेरों की।

बड़ा सपना देखती
बड़ी सचाई को संक्षिप्त करती
सूरज और चाँद को
नक्षत्रों और अंतरिक्ष को
हथेली पर अक्षत की तरह
पवित्र रखती
यही
छोटी-सी दुनिया
हमें मिली है

सच है,
सुंदर है।

1987

तलाश

उस अँधेरे रास्ते पर मुझे
दूसरी शताब्दी की एक बच्ची मिली
जो अपने घर पहुँचने की कोशिश में थी।
वह रास्ता कुछ भूल-सा गई थी,
पर उसे विश्वास था कि आगे जाकर
ठीक मोड़ आ जाएगा
और वह जल्दी ही घर पहुँच जाएगी।
उसे डर सिर्फ़ यह था कि
उसके देर से पहुँचने के कारण
क्रोध से उसका छोटा भाई
उसकी पोथियाँ तहस-नहस न कर दे।
वह कहाँ से आ रही थी
यह मैंने नहीं पूछा।
दरअसल शुरू में तो मैंने उसे लक्ष्य ही नहीं किया।
पता नहीं कब, मैंने पाया कि वह मेरे साथ है।
उसका ख्याल था कि मुझे रास्ता मालूम है–
मैं उसे कैसे बताता कि मुझे भी रास्ते की तलाश है !
आगे पेड़ के नीचे बाईसवीं शताब्दी का
एक बूढ़ा बैठा था–
और उसने बताया कि जहाँ हम जाना चाहते थे वहाँ

कई रास्ते जाते हैं।

उसने यह भी कहा कि आगे अच्छी धूप होगी
और काफ़ी लोग मिलेंगे, बस्तियाँ भी।

तब से हम चल रहे हैं....
बहुत देर से एक घर भी दिख रहा है,
जहाँ हम उम्मीद करते हैं कुछ गुड़-पानी मिलेगा।
उसके पार धूप-भी दिखती है,
पर अपनी-अपनी उम्मीद लिए
फ़िलहाल हम चल रहे हैं–
उस मोड़ की ओर,
उस घर की ओर,
उस जल और धूप की ओर।

1987

कुछ तो

सब-कुछ नष्ट नहीं होगा
कुछ तो बच ही जाएगा।

जले हुए ठूँठों में से एक की नंगी डाल पर
एक नया किसलय,
झर जाएँगे सारे पाप
पर बचा रह जाएगा एकाध
असावधानी से हो गया पुण्य।

उड़ जाएँगी सारी कविताएँ
अनंत में विलीन हो जाने वाले पक्षियों की तरह,
पर कुछ रूपक और शब्द बचे रह जाएँगे
वनभूमि पर नीरव गिरनेवाले पंखों की तरह।
लुप्त हो जाएँगे सारे हिंस्र पशु,
सिंह और चीते और भेड़िए,
पर एक अँधेरी खोह में दुबका रह जाएगा एक
भयभीत खरगोश।

घंटी बजाते हुए अपनी साइकिल पर लादे
चिट्ठियों और पैकेटों का ढेर आएगा डाकिया,
आधी रात को ऊँघता हवलदार अपनी मेज़ पर
रखेगा सिर और ओहदा,
मोड़ का खोंचेवाला अलस्सुबह चढ़ाएगा चाय की केतली,

मैकेनिक की दुकान पर गंदा लड़का देगा सरदी को भद्दी गाली,
सब मिटा दिए जाएँगे
जैसे आसानी से खड़िया की लिखत मिटा दी जाती है
पर बची रह जाएगी
जंगल में कंडे और लकड़ियाँ बीनती एक बुढ़िया
और बिना किसी रसोइए के
बटलोही में खुदबुदाती दाल।

अपनी गाड़ी में ले जाएगी
लादकर मृत्यु सारा अंबार और अटाला
पर छूट ही जाएगी
एक टुटही मेज़ और बाल्टी।

सब चले जाएँगे
सुख-दुःख धैर्य और लालच
सुंदरता और पवित्रता
पर प्रार्थना के अंतिम अक्षय शब्द की तरह
बची रह जाएगी कामना.......

सब कुछ नष्ट नहीं होगा,
कुछ तो बच ही जाएगा।

1987

आना

तुम छिपकर नहीं
सबके सामने आना !

जब बहियाँ बिछाकर हिसाब बता रहे हों साहूकार,
जब तौल रहा हो कुँजड़ा आधा किलो कुम्हड़ा,
जब स्कूल-बस पकड़ने की जल्दी में झपट रही हो मेरी बेटी
जब पानी बिना पियरा रही हो सामने की हरी घास
तब तुम आना
सबके सामने !

जब कठिनाई हो तुम्हें पहचानने में,
जब देवता ब्याज लेकर वापस जाने को हों,
और नहाने के लिए रखा गरम पानी ठंडा होने को हो,

तब तुम आना
सबके सामने !

जैसे जाने के पहले शाम की आख़िरी धूप
जैसे दुःखी मन पर प्रार्थना की छाया
जैसे सूखते वृक्ष को
एक हरा गान सुनाती चिड़िया......
तुम आना !

जो भी बचा हो उसे अपनी गठरी में समेटकर
अंत की ओर जाने के लिए
मेरे साथ

तुम आना
पर छिपकर नहीं
सबके सामने !

1987

थोड़ा-सा

अगर बच सका
तो वही बचेगा
हम सबमें थोड़ा-सा आदमी–
जो रौब के सामने नहीं गिड़गिड़ाता,
अपने बच्चे के नंबर बढ़वाने नहीं जाता मास्टर के घर,
जो रास्ते पर पड़े घायल को सब काम छोड़कर

सबसे पहले अस्पताल पहुँचाने का जतन करता है,
जो अपने सामने हुई वारदात की
गवाही देने से नहीं हिचकिचाता–
वही थोड़ा-सा आदमी–
जो धोखा खाता है पर प्रेम करते रहने से नहीं चूकता,
जो अपनी बेटी के अच्छे फ्राक के लिए
दूसरे बच्चों को थिगड़े पहनने पर मजबूर नहीं करता–

जो दूध में पानी मिलाने से हिचकता है,
जो अपनी चुपड़ी खाते हुए
दूसरे की सूखी के बारे में सोचता है–
वही थोड़ा-सा आदमी–
जो बूढ़ों के पास बैठने से नहीं ऊबता
जो अपने घर को चीज़ों का गोदाम बनने से बचाता है,
जो दुख को अर्जी में बदलने की मजबूरी पर दुखी होता है
और दुनिया को नरक बना देने के लिए
दूसरों को ही नहीं कोसता।

वही थोड़ा-सा आदमी–
जिसे ख़बर है कि
वृक्ष अपनी पत्तियों से गाता है अहरह एक हरा गान,
आकाश लिखता है नक्षत्रों की झिलमिल में एक दीप्त वाक्य,
पक्षी आँगन में बिखेर जाते हैं एक अज्ञात व्याकरण–
वही थोड़ा-सा आदमी
अगर बच सका
तो वही बचेगा।

1987

सड़क पर एक आदमी

वह जा रहा है
सड़क पर
एक आदमी
अपनी जेब से निकालकर बीड़ी सुलगाता हुआ
धूप में–
इतिहास के अँधेरे
चिड़ियों के शोर
पेड़ों में बिखरे हरेपन से बेखबर
वह आदमी......

बिजली के तारों पर बैठे पक्षी
उसे देखते हैं या नहीं–कहना मुश्किल है
हालाँकि हवा उसकी बीड़ी के धुएँ को
उड़ाकर ले जा रही है जहाँ भी वह ले जा सकती है.....

वह आदमी
सड़क पर जा रहा है
अपनी ज़िंदगी का दुख-सुख लिये
और ऐसे जैसे कि उसके ऐसे जाने पर
किसी को फ़र्क़ नहीं पड़ता
और कोई नहीं देखता उसे
न देवता, न आकाश और न ही
संसार की चिंता करने वाले लोग

वह आदमी जा रहा है

जैसे शब्दकोष से
एक शब्द जा रहा है
लोप की ओर......

और यह कविता न ही उसका जाना रोक सकती है
और न ही उसका इस तरह नामहीन
ओझल होना......

कल जब शब्द नहीं होगा
और न ही यह आदमी
तब थोड़ी-सी जगह होगी
खाली-सी
पर अनदेखी
और एक और आदमी
उसे रौंदता हुआ चला जाएगा।

1988

दुख

एक आदमी अलस्सुबह
अपने दुख को टोकनी में भरकर
बेचने जाता है सब्ज़ीमण्डी।

एक आदमी अपने दुख को
लकड़ी की तरह टेकता हुआ

चढ़ता है
दफ़्तर की सीढ़ियाँ।

एक औरत
अपने दुख को
पुस्तक के पन्नों के बीच
सूखी पत्ती की तरह छिपाए हुए
पढ़ाती है बच्चों को कबीर के दोहे।

एक आदमी
अपने दुख को जलाकर
करता है उदासीन देवता की आरती।

एक गरीब बच्चा
गंदे पनाले के किनारे बैठकर
एक गिलास को
थोड़े-से दूध और
ज्यादातर अपने दुख से भरकर
पीता है।

दुख के तिनके और चीथड़े बीनकर
बनाती है घोंसला एक प्रसन्न चिड़िया।
गरमी के दुख में भी फूलता है अमलतास।

दुख की तरह अनिवार्य
और उसी की तरह दूर और पास
लगता है

हमको
आकाश।

1988

कहाँ है घर ?

कहाँ है वह घर
जहाँ हम वापस जाना चाहते हैं ?

1

राजापुर गढ़ेवा का पैतृक घर
अब ढहने को होगा–
उसका छप्पर उड़ चुका था,
आँगन में बरसों पहले उग आए थे घास-झंखाड़,
वहाँ दिन में भी अँधेरा रहता होगा।
हो सकता है कि
कीड़े-मकोड़ों और नेवला-गिलहरियों के साथ
कभी-कभार पुरखे भटकते आ निकलते हों !
वह घर जो
पिता कुछ चौपाइयों के साथ
याद करते
अपनी मृत्यु में मानो साथ ले गए।

44 गोपालगंज सागर का मकान
कुएँ और हरसिंगार के पेड़वाला,
जहाँ शुरू हुई कविता–

जहाँ हुआ प्रेमारंभ
जहाँ से शहर छोड़कर दूसरे शहर जाना शुरू हुआ—
अब औरों के पास है, किराए का जो था,
बकौली कठचंदन के पेड़ अब नहीं दीख पड़ते

पिछवाड़े का चोपरा सूख चुका,
बंद हो गईं भगतें चमारों की,
हो गया मुहल्ला वह ऐसा
जहाँ हर मकान दुकान में बदलने की होड़ में है—
उस भीड़ और हाहातूती में खोजना मुश्किल होगा
बचपन का बस्ता, संगाती, छुपकर खाई चाट
आकाशनीम के मिथुनों के ऊपर का नीलाकाश।

2

वह घर क्षितिज के पार है—
जहाँ गंध है सदियों की,
जहाँ डेरा है पुरखों का,
जहाँ उजास है भविष्य के शिशुओं का,
जहाँ सारा समय एक-साथ है
जैसे कई सारे यात्री सुस्ताते बरामदे में,
जहाँ मृत्यु हमेशा ख़ाली हाथ वापस जानेवाले
अतिथि की तरह बैठी हुई......

वह घर
असंभव है
उस तक पहुँचना

वह है :
पर उस तक जाने का रास्ता
किसी को नहीं मालूम.....
न ही वह इस ज़िंदगी
या इन शब्दों से होकर जाता है–
कहाँ है वह घर ?

1987

धूल की तरह सच

हमें खुद ही पता नहीं है
हम इतने सारे सच
उठाए चल रहे हैं !

अपने समय का सच,
अपने समय में आदमी के धीरे-धीरे
ग़ायब हो जाने का सच,
चीज़ों, लालच और डाह के बढ़ जाने
और जगह के कम होते जाने का सच,
दिन-ब-दिन भरोसा न किए जाने का सच,
चूहादौड़ में शामिल होकर हार जाने पर
पैदा होनेवाले वैराग्य का सच,
बड़े सच के भ्रम में
छोटे-छोटे सचों के हिकारत से
घूरे पर फेंक दिए जाने का सच,
कई दिनों के बासी पानी को

बदलने और घड़े को पता भी न चलने का सच....

किसी पुराने कमरे में
बरसों से पड़े फ़रनीचर पर जमी धूल की तरह
सच हमारे ऊपर है
और उसी में छाई चुप्पी की तरह
यह इत्मीनान भी
कि इस धूल को साफ़ करने
कोई नहीं आएगा।

1988

कुछ देर के लिए

एक पुरखे के किसान-पैरों की
घिसी हुई चप्पल के तल्ले में चिपके
सूख गए कीचड़ का एक थत्ता–

किसी रंगीन चिड़िया की
अंतिम उड़ान के दौरान
नीरव गिरा एक पंख–

पुराने कुएँ की पार पर
छूटा हुआ
घिसटकर पतली हो गई रस्सी का
एक मूँज–

बगीचे के किनारे की झाड़ी में
पड़ी बिसरा दी गई
वर्षों पहले की गेंद
जिसके बगल से चींटों की एक क़तार
दूर जाकर बिला जाती है—

इन सबको सहेजकर
कविता बनाता हूँ—
संसार की नश्वरता के विरुद्ध
अपनी लड़ाई में,
शब्दों की अक्षरता से,

एक मोरचा
कुछ देर के लिए सही
जीत जाता हूँ।

1988

मुझे चाहिए

मुझे चाहिए पूरी पृथ्वी,
अपनी वनस्पतियों, समुद्रों
और लोगों से घिरी हुई,
एक छोटा-सा घर काफ़ी नहीं है।

एक खिड़की से मेरा काम नहीं चलेगा,
मुझे चाहिए पूरा का पूरा आकाश

अपने असंख्य नक्षत्रों और ग्रहों से भरा हुआ।

इस ज़रा-सी लालटेन से नहीं मिटेगा
मेरा अँधेरा,
मुझे चाहिए
एक धधकता हुआ ज्वलंत सूर्य।

थोड़े-से शब्दों से नहीं बना सकता
मैं कविता,
मुझे चाहिए समूची भाषा–
सारी हरीतिमा पृथ्वी की
सारी नीलिमा आकाश की
सारी लालिमा सूर्योदय की।

1987

सूर्य

चंपे के फूल मुँह उठाए
देखते हैं सूर्य की ओर,
तार पर बैठी एक चिड़िया
ताकती है सूर्योदय,
जाड़े में सरदी से कुकुड़ता
एक बच्चा उम्मीद से
बैठता है धूप में।

अपनी धुरी पर स्थिर और अचल

सूर्य
देखता है फूल को, चिड़िया को,
बच्चे को
अपने ही प्रताप से
पकती फ़सलों को

सूर्य को नहीं सूझ पड़ती
वनस्पतियाँ, लोग और
रँभाते-जमुहाते पशुओं की कतारें

सूर्य ऊपर की ओर देखता है
शून्य में, अन्यमनस्क
सूर्य के धधकते अंतस् में
बैठा है अँधेरा

सूर्य को दिखाई नहीं देता

धूप न सूर्य की नन्हीं उँगलियाँ हैं
न आँखें
धूप सिर्फ़ दृष्टि है
सब पर बिखरी पर कुछ भी न देख पाती
एक नेत्रहीन की।

1988

वे बच्चे

प्रार्थना के शब्दों की तरह
पवित्र और दीप्त
वे बच्चे

उठाते हैं अपने हाथ,
अपनी आँखें,
अपना नन्हा-सा जीवन
उन सबके लिए
जो बचाना चाहते हैं पृथ्वी,
जो ललचाते नहीं हैं पड़ोसी से
जो घायल की मदद के लिए
रुकते हैं रास्ते पर।

बच्चे उठाते हैं
अपने खिलौने
उन देवताओं के लिए–
जो रखते हैं चुपके से
बुढ़िया के पास अन्न,
चिड़ियों के बच्चों के पास दाने,
जो खाली कर देते हैं रातोंरात
बेईमानों के भंडार
वे बच्चे प्रार्थना करना नहीं जानते
वे सिर्फ़ प्रार्थना के शब्दों की तरह
पवित्र और दीप्त
उठाते हैं अपने हाथ।

1986

जल

जल
खोजता है
जल में
हरियाली का उद्‌गम
कुछ नीली स्मृतियाँ
और मटमैले चिह्न

जल
भागता है
जल की गली में
गाते हुए
लय का
विलय का उच्छल गान

जल देता है
जल को आवाज़,
जल सुनता है
जल की कथा,
जल उठाता है
अंजलि में
जल को,
जल करता है
जल में डूबकर
उबरने की प्रार्थना

जल में ही
थरथराती है
जल की कामना।

1988

कितने दिन और बचे हैं ?

कोई नहीं जानता कि
कितने दिन और बचे हैं ?

चोंच में दाने दबाए
अपने घोंसले की ओर
उड़ती चिड़िया कब सुस्ताने बैठ जाएगी
बिजली के एक तार पर और
आह्लाद से झूलकर छू लेगी दूसरा तार भी।

वनखंडी में
आहिस्ता-आहिस्ता एक पगंडंडी पार करता
कीड़ा आ जाएगा
सूखी लकड़ियाँ बीनती
बुढ़िया की फटी चप्पल के तले।

रेल के इंजन से निकलती
चिनगारी तेज़ हवा में उड़कर
चिपक जाएगी
एक डाल पर बैठी प्रसन्न तितली से।

कोई नहीं जानता कि
किसका कितना समय और बचा है
प्रतीक्षा करने का
कि प्रेम आएगा एक पैकेट में डाक से,
कि थोड़ी देर और बाक़ी है
कटहल का अचार खाने लायक होने में,
कि पृथ्वी को फिर एक बार
हरा होने और आकाश को फिर दयालु और
उसे फिर विगलित होने में
अभी थोड़ा-सा समय और है।

दस्तक होगी दरवाज़े पर
और वह कहेगी कि
चलो, तुम्हारा समय हो चुका।
कोई नहीं जानता कि
कितना समय और बचा है,
मेरा या तुम्हारा।

वह आएगी–
जैसे आती है धूप
जैसे बरसता है मेघ
जैसे खिलखिलाती है
सपने में एक नन्हीं बच्ची
जैसे अँधेरे में भयातुर होता है
ख़ाली घर।
वह आएगी ज़रूर,
पर उसके आने के लिए

कितने दिन और बचे हैं
कोई नहीं जानता।

1988

समय से अनुरोध

समय, मुझे सिखाओ
कैसे भर जाता है घाव ?—पर
एक अदृश्य फाँस दुखती रहती है
जीवन-भर।

समय, मुझे बताओ
कैसे जब सब भूल चुके होंगे
रोजमर्रा के जीवन-व्यापार में
मैं याद रख सकूँ
और दूसरों से बेहतर न महसूस करूँ।

समय, मुझे सुझाओ
कैसे मैं अपनी रोशनी बचाए रखूँ
तेल चुक जाने के बाद भी
ताकि वह लड़का
उधार लाई महँगी किताब एक रात में ही पूरी पढ़ सके।

समय, मुझे सुनाओ वह कहानी
जब व्यर्थ पड़ चुके हों शब्द,
अस्वीकार किया जा चुका हो सच,

और बाक़ी न बची हो जूझने की शक्ति
तब भी किसी ने छोड़ा न हो प्रेम,
तजी न हो आसक्ति,
झुठलाया न हो अपना मोह।

समय सुनाओ उसकी गाथा
जो अंत तक बिना झुके
बिना गिड़गिड़ाए या लड़खड़ाए,
बिना थके और हारे, बिना संगी-साथी,
बिना अपनी यातना को सबके लिए गाए,
अपने अंत की ओर चला गया।

समय, अँधेरे में हाथ थामने,
सुनसान में गुनगुनाहट भरने,
सहारा देने, धीरज बँधाने,
अडिग रहने, साथ चलने और लड़ने का
कोई भूला-बिसरा पुराना गीत तुम्हें याद हो
तो समय, गाओ
ताकि यह समय,
यह अँधेरा,
यह भारी
यह असह्य समय कटे !

1988

उसकी आवाज़ में

उसकी आवाज़ में
आगे आनेवाले फलों की
कसमसाहट है,
उसकी आवाज़
अलसायी हुई है आम्रमंजरियों से।

उसकी आवाज़
भर देती है सुगंध से
सुनसान को,
उसकी आवाज़ में
बजते हैं अनंत के नूपुर।

उसकी आवाज़ दीप्त है
आकाश से !

उसकी आवाज़
डूबी है स्वीकार के
अस्फुट गान में।

उसकी आवाज़ प्रार्थना है
पक्षियों के लिए
देवताओं के लिए
तुम्हारे सौभाग्य के लिए।

1987

पत्थर से केलि करता है पत्थर

(खजुराहो में)

पत्थर चूमता है
पत्थर को

पत्थर को बाँहों में भींचता है
पत्थर

पत्थर भरता है पत्थर को

पत्थर करता है मर्दन
पत्थर का

पत्थर होता है उत्तेजित
पत्थर देखता है मुग्ध
पत्थर देता है निमंत्रण
पत्थर को

पत्थर उठाता है भुजाएँ
पत्थर तोड़ता है जंघाएँ
पत्थर कुसुमित होता है उरोज में
पत्थर काँपता है
पत्थर पसीजता है
पत्थर धार-धार बहता है

पत्थर करता है

पवित्र
पत्थर को

पत्थर से केलि करता है पत्थर ।

1987

सद्यःस्नाता

पानी
छूता है उसे
उसकी त्वचा के उजास को
उसके अंगों की प्रभा को–

पानी
ढलकता है उसकी
उपत्यकाओं शिखरों में से–

पानी
उसे घेरता है
चूमता है

पानी सकुचाता
लजाता
गरमाता है
पानी बावरा हो जाता है

पानी के मन में
उसके तन के
अनेक संस्मरण हैं।

1987

विदा

तुम चले जाओगे
पर थोड़ा-सा यहाँ भी रह जाओगे
जैसे रह जाती है
पहली बारिश के बाद
हवा में धरती की सोंधी-सी गंध
भोर के उजास में
थोड़ा-सा चंद्रमा
खंडहर हो रहे मंदिर में
अनसुनी प्राचीन नूपुरों की झंकार।

तुम चले जाओगे
पर थोड़ी-सी हँसी
आँखों की थोड़ी-सी चमक
हाथ की बनी थोड़ी-सी कॉफ़ी
यहीं रह जाएँगे
प्रेम के इस सुनसान में।
तुम चले जाओगे
पर मेरे पास
रह जाएगी

प्रार्थना की तरह पवित्र
और अदम्य
तुम्हारी उपस्थिति,
छंद की तरह गूँजता
तुम्हारे पास होने का अहसास।

तुम चले जाओगे
और थोड़ा-सा यहीं रह जाओगे !

1988

एक बार जो

एक बार जो ढल जाएँगे
शायद ही फिर खिल पाएँगे।

फूल शब्द या प्रेम
पंख स्वप्न या याद
जीवन से जब छूट गए तो
फिर न वापस आएँगे।
अभी बचाने या सहेजने का अवसर है
अभी बैठकर साथ
गीत गाने का क्षण है।

अभी मृत्यु से दाँव लगाकर
समय जीत जाने का क्षण है।

कुम्हलाने के बाद
झुलसकर ढह जाने के बाद
फिर बैठ पछताएँगे।

एक बार जो ढल जाएँगे
शायद ही फिर खिल पाएँगे।

1990

सब-कुछ छोड़कर नहीं

हम सब-कुछ छोड़कर
यहाँ से नहीं जाएँगे

साथ ले जाएँगे
जीने की झंझट, घमासान और कचरा
सुकुमार स्मृतियाँ, दुष्टताएँ
और कभी कम न पड़नेवाले शब्दों का बोझ।

हरियाली और उजास की छबियाँ
अप्रत्याशित अनुग्रहों का आभार
और जो कुछ भी हुए पाप-पुण्य।

समय-असमय याद आने वाली कविताएँ
बचपन के फूल-पत्तियों-भरे हरे सपने
अधेड़ लालसाएँ
भीड़ में पीछे छूट गए बच्चे का दारुण विलाप।

दूसरों की ज़िंदगी में
दाख़िल हुए अपने प्रेम और चाहत के किस्सों
और अपने होने के अचरज को
साथ लिए हम जाएँगे।

हम सब-कुछ छोड़कर
यहाँ से नहीं जाएँगे।

1990

वापसी

जब हम वापस आएँगे
तो पहचाने न जाएँगे–

हो सकता है हम लौटें
पक्षी की तरह
और तुम्हारी बगिया के किसी नीम पर बसेरा करें
फिर जब तुम्हारे बरामदे के पंखे के ऊपर
घोंसला बनाएँ
तो तुम्ही हमें बार-बार बरजो !

या फिर थोड़ी-सी बारिश के बाद
तुम्हारे घर के सामने छा गई हरियाली की तरह
वापस आएँ हम
जिससे राहत और सुख मिलेगा तुम्हें
पर तुम जान नहीं पाओगे कि

उस हरियाली में हम छिटके हुए हैं !

हो सकता है हम आएँ
पलाश के पेड़ पर नई छाल की तरह
जिसे फूलों की रक्तिम चकाचौंध में
तुम लक्ष्य भी नहीं कर पाओगे !

हम रूप बदलकर आएँगे
तुम बिना रूप बदले भी
बदल जाओगे–
हालाँकि घर, बगिया, पक्षी-चिड़िया
हरियाली-फूल-पेड़ वहीं रहेंगे
हमारी पहचान हमेशा के लिए गड्डमड्ड कर जाएगा
वह अंत
जिसके बाद हम वापस आएँगे
और पहचाने न जाएँगे।

1990

अंत के बाद-1

अंत के बाद
हम चुपचाप नहीं बैठेंगे।

फिर झगड़ेंगे,
फिर खोजेंगे,
फिर सीमा लाँघेंगे

क्षिति जल पावक
गगन समीर से
फिर कहेंगे–
चलो
हमको रूप दो
आकार दो
वही जो पहले था
वही–
जिसके बारे में
अंत को भ्रम है
कि उसने सदा के लिए मिटा दिया।

अंत के बाद
हम समाप्त नहीं होंगे–
यहीं जीवन के आसपास
मँडराएँगे–
यहीं खिलेंगे गंध बनकर,
बहेंगे हवा बनकर,
छाएँगे स्मृति बनकर।

अंततः
हम अंत को बरकाकर
फिर यहीं आएँगे–
अंत के बाद
हम चुपचाप नहीं बैठेंगे।

1990

शरण्य

शरण खोजते हुए
फिर हम तुम्हारे पास ही आएँगे।

नक्षत्रों में नहीं मिलेगा कहीं ठौर–
देवता मुँह फेर लेंगे,
स्वर्ग-नरक की भीड़ में
पुरखों का नहीं चलेगा कहीं पता-ठिकाना–
अजनबी की तरह देखेंगे मित्र और पड़ोसी।

छोड़ नहीं पाएँगे पीछे अपनी यादें,
तज नहीं पाएँगे पुराने कपड़ों की तरह
अपने मोह,
किसी चबूतरे पर अवैध कुछ की तरह
चुपके से रख नहीं पाएँगे अपने शब्द,
ओझल नहीं हो पाएँगे
किसी बियाबान में–
किसी प्रार्थना की तरह गूँजकर
देवघर में
हवा में दूर बह नहीं जाएँगे।
अपने घाव, अपने चेहरे पर धूल,
अपनी आत्मा में थकान लिए,
अपनी आँखों में उम्मीद का आख़िरी क़तरा
गिरने से बचाए हुए

जन्मांतर और नामहीनता की राहत

अस्वीकार कर,
हम फिर इसी मटमैले घर
वापस आएँगे।

मिले, न मिले
यहीं शरण पाएँगे...... !

1990

फिर घर

माँ को कैसे पता चलेगा
इतने बरसों बाद
हम फिर उसके घर आए हैं ?

कुछ पल उसको अचरज होगा,
चेहरे पर की धूल-कलुष से विभ्रम भी—
फिर पहचानेगी
हर्ष-विषाद में डूबेगी-उतराएगी।

नहीं होगा उसका घर
विष्णुपदी के पास
याकि हरिचंदन और पारिजात की देवच्छाया में
वहाँ भी ले रखी होगी उसने
किराए से रहने की जगह
वैसे ही भरे-पूरे मुहल्ले और
उसके शोरगुल में।

फिर पिता आएँगे शाम को घूमकर
और हमेशा की तरह बिना कुछ बोले
हमें देखेंगे और
मेज़ पर लगा रात का खाना खाएँगे
और खखूरेंगे अलमारी में कोई मीठी चीज़।

हम थककर सो जाएँगे
अगले दिन जागेंगे तो ऐसे
हम एक घर छोड़कर
दूसरे घर जाएँगे
ऐसे जैसे कि वही घर हो।

1990

एक खिड़की

मौसम बदले, न बदले
हमें उम्मीद की
कम से कम
एक खिड़की तो खुली रखना चाहिए।

शायद कोई गृहिणी
वसंती रेशम में लिपटी
उस वृक्ष के नीचे
किसी अज्ञात देवता के लिए
छोड़ गई हो
फूल-अक्षत और कुछ मधुरिमा।

हो सकता है
किसी बच्चे की गेंद
बजाय अनंत में खोने के
हमारे कमरे में अंदर आ गिरे और
उसे लौटाई जा सके।

देवासुर-संग्राम से लहूलुहान
कोई बूढ़ा शब्द शायद
बाहर की ठंड से ठिठुरता
किसी कविता की हल्की आँच में
कुछ देर आराम करने रुकना चाहे।

हम अपने समय की हारी होड़ लगाएँ
और दाँव पर लगा दें
अपनी हिम्मत, चाहत, सब-कुछ—
पर एक खिड़की तो खुली रखनी चाहिए
ताकि हारने और गिरने के पहले
हम अँधेरे में
अपने अंतिम अस्त्र की तरह
फेंक सकें चमकती हुई
अपनी फिर भी
बची रह गई प्रार्थना।

1990

बचा रहेगा

हम नहीं बचेंगे
पर बचे रहेंगे
धीरे-धीरे ढहते द्वार,
सड़क-चौबारे,
उनके बीच टहलती-भटकती गाथाएँ,
कहीं और ठिकाना पा गए
अधूरे सपने,
पीली पड़ती जर्जर पुस्तकों में धूमिल शब्द,
घिसते हुए पत्थर
और अपाठ्य हो गए शिलालेख।

हम नहीं बचेंगे–
बची रहेगी
ऐसे ही हरी घास की नोंक पर
चमकती ओस पर
पहला आघात करती किरण धूप की,
दिगंबर देह पर गवाक्ष से
अनजाने पड़ती कोजागरी–
क्षितिज को अधीर कामना से घेरता-सँवलाता मेघ।
हम नहीं बचेंगे–
पर बचा रहेगा
दिन-भर की बारिश के बाद
दूर तक धूप में चमकता हरीतिमा का आश्वासन,

बचा रहेगा

पत्ती-पत्ती खिलता-झरता प्रेम।

हम नहीं बचेंगे
पर बचा रहेगा स्पर्श का आह्लाद,
सान्निध्य की कांति,
कामना का तेज,
और निराशा का अँधेरा।

बचा रहेगा अरण्यरोदन,
निर्लज्ज क्रूरता,
अस्ताचल की द्वाभा।

1990

हाथ-3

उसके हाथ की गुनगुनी धूप
उसके हाथ का झिझकता अँधेरा

उसके हाथ फूलों की तरह
ओस-भीगे और शांत,
उसके हाथ पक्षियों की तरह
भाग जाने को विकल

उसके हाथ अकेले
उसके हाथ डूबे हुए स्वप्न में
उसके हाथ

करते हैं प्रतीक्षा
हाथों की।

1989

हो सकता है

हो सकता है
भरी दोपहरी में मैं आऊँ--
खाली हाथ,
एक झोले में
कुछ अधजले सपने,
कुछ कभी न मिल पानेवाले ठिकानों के पते,
बहुत सारी चुप्पी और
थोड़े-से शब्द लेकर !

अंत के पहले का विषाद भी बाक़ी नहीं होगा
और न ही बचे होंगे
एक एक कर छूटते गए सहारे।
बची नहीं होगी धीरज की धीरे-धीरे
बुझनेवाली लौ,
बहुत सारा अँधेरा
और उजाले का आख़िरी निराश
उपहार लिए
मैं आऊँगा
तुम्हारे ही चौबारे !

1989

अंगीकार

जब वह अपने होठों पर
चुंबन की प्रतीक्षा कर रही थी
वसंत ने चुना स्पर्श के लिए
उसके बाएँ कुचाग्र को !

जब वह अन्यमनस्क थी
उसके आर्द्र अँधेरे में प्रवेश किया
एक धधकते पुष्प की तरह
वसंत ने !

जब वह अपने लावण्य में
परिपक्व थी
उसके बखान में
ठिठका रह गया
एक शब्द की तरह
वसंत।

स्वीकार के बाद
चकित वसंत ने
उसे किया बहुधा अंगीकार !

1990

वह कैसे कहेगी

वह कैसे कहेगी—हाँ !
हाँ कहेंगे
उसके अनुरक्त नेत्र
उसके उदग्र-उत्सुक कुचाग्र
उसकी देह की चकित धूप
उसके आर्द्र अधर
कहेंगे—हाँ
वह कैसे कहेगी—हाँ ?

1990

शेष

सब-कुछ बीत जाने के बाद
बचा रहेगा प्रेम
केलि के बाद शय्या में पड़ गई सलवटों-सा,
मृत्यु के बाद द्रव्य-स्मरण-सा,
अश्वारोहियों से रौंदे जाने के बाद
हरियाली ओढ़े दुबकी पड़ी धरती-सा,
गरमियों में सूख गए झरने की चट्टानों के बीच
जड़ों में धँसी नमी-सा
बचा रहेगा
अंत में भी
प्रेम !

1990

अगर हमारे साथ सूर्य हो

हम चढ़ेंगे
बिना फिसले
काई-ढँकी सीढ़ियों पर
एक प्राचीन मंदिर की
अगर हमारे साथ सूर्य हो !

हम भर देंगे
मथेंगे आर्द्र गहरा अँधेरा
अपने ज्वलंत उदग्र पुष्प से
अगर हमारे साथ सूर्य हो !
हमारे साथ सूर्य हो
तो हम उतर जाएँगे
हिमशिखरों के पार,
हरीतिमा और उल्लास की घाटियों से
अपनी पीठ पर लादे हुए
जिजीविषा, और
सुंदर, सहज और निश्छल
रहने की बेचैनी
अगर हमारे साथ सूर्य हो !

1990

ओस-भींगना

उसकी देह के चंद्रोदय में
ओस-भींगना है !

1990

रात देर गए

रात देर गए
मैं ईश्वर की मेज़ साफ़ करूँगा
बूढ़े निर्विकार वे बैठे होंगे
मैं उनसे पूछूँगा कि
खाने के बाद कॉफ़ी पीएँगे ?

रात के और गाहक
जा रहे होंगे,
मेरे सिवाय उन्हें
कोई नहीं पहचान पाएगा।

शोर, आपाधापी
बर्तनों की आवाजें, फुसफुसाहटें
सब थम चुके होंगे
सिर्फ़ पुराने फिल्मी गाने बज रहे होंगे
जब वे न जाने कहाँ से आएँगे।

मैं रसोइए को भी नहीं बताऊँगा
उन्हें वही खिलाऊँगा
जो सबके लिए बनता है।
वे चटोरे नहीं होंगे
और खाना बनाने का उन्हें
कोई अभ्यास नहीं होगा

न वे ढाबे की उस कोने की मेज़ का
बुरा मानेंगे
आख़िर उन्हें संसार बनाने-बिगाड़ने का
अनुभव है,
मेज़ या खाना जैसी चीज़ों का नहीं !

मैं मौक़ा पाकर
जब वे उदास-से लग रहे होंगे
उनसे ग़प लगाने की कोशिश करूँगा :
मैं उन्हें शहर के क़िस्से बताऊँगा–
उनसे पूछूँगा संसार का हाल और
देवताओं की दुष्टताओं, नक्षत्रों के कक्षाओं से बहकने,
प्रलय की तैयारी,
स्वर्ग की नीरसता आदि के बारे में।

मैं उन्हें अगले दिन
थोड़ा जल्दी आने की
बिनमाँगी सलाह भी दूँगा

वे जब चले जाएँगे

तो एक बार फिर
उनकी मेज़ साफ़ करूँगा।

1990

शताब्दी से बेख़बर बूढ़ा

शताब्दी और उसके बीतने से बेख़बर
एक बूढ़ा कुरसी डालकर पेड़ के नीचे
आराम से पढ़ता है एक पुराना अख़बार......
लुका-छिपी का पुराना खेल,
एक गिलहरी कुरसी के बहुत पास पहुँचकर
फुदकती हुई भाग जाती है,
चींटों की एक क़तार थोड़ी दूर से
बिना उसे देखे गुज़रती रहती है,
थोड़ी देर के लिए
घरवाले भी भूल जाते हैं कि वह है
और वहाँ धूप में कुरसी पर बैठा हैं

सूखी पत्तियाँ गिरती हैं
गिरता है समय
गिरती है धीरे-धीरे
पीली पड़ती धूप

अपने अँधेरों और झिलमिल उजालों के साथ
एक थकी-माँदी बुढ़िया की तरह आती है आयु

और सुस्ताने बैठती है पास के चबूतरे पर,
बिना पहचाने और बेरुख़ी से
बूढ़ा देखता है
जैसे उसे उससे कुछ लेना-देना न हो।

मुहल्ले की एक नटखट बच्ची आती है
अचरज और चाव से देखती, हैरान होती है
दो बूढ़े खिलौनों को
और ताली बजाते हुए भाग जाती है।

फिर आती हैं रोज़मर्रा की आवाज़ें
झंझट और आपाधापी की
खाने-पीने की, रोने-हँसने की
और समूचे दृश्य को
मानो स्लेटपट्टी से पोंछकर
चली जाती हैं।

1990

बहुरि अकेला-2

झरती हुई पत्ती जानती है कि वह मरने जा रही है ?
सरलीकृत समय में कठिन शब्द जानता है कि
एक दुर्बोध कविता में उसका जाना उसका अंत है ?
राग के खंडहर में भटक गया सुर पहचान पाता है कि यह
उसका लोप है ?

जो नहीं है उसके कई नाम हैं
लोप अनुपस्थिति अंत समापन मृत्यु अवसान
पर सभी उसके होने को याद करते हुए
कोई भी नहीं जो उसके न होने को व्यक्त करे।
न होना भाषा या कविता में संभव ही नहीं है ?
समय से बाहर क़दम रखना भाषा से भी बाहर जाना है।

बहुरि अकेला-15

वह आग का घर
लपटों और धुँए का घर
राख और अस्थियों का घर

वह आँसुओं हिचकियों का घर
चीख़ और आर्तनाद का घर
विषाद का घर
वह मुक्ति का घर
अवसान का घर
अनुपस्थिति का घर

वह स्मृति का घर
सब-कुछ पीछे छूट जाने का घर
न लौटने का घर

विराम का घर
विलय का घर
विलोप का घर

पुष्पागम से पहले का घर
अंत का घर
अनंत का घर

नेति का घर
नहीं का घर
न होने का घर
घर और घर नहीं !

बहुरि अकेला-21

यह अभिषेक का समय है
जीने के धूल-धक्कड़
मैले-कलुष को तजने का
समय।

समय हवा की तरह हल्के होने का
जो कुछ किया-धरा
उसे ज्यों का त्यों
उतारने का
समय।

पल्लव कुसुम को
पककर गिरने को
मधुसंचय
प्रस्फुटन को
भूलने का

समय।

शब्द को
सुघर विन्यास को
छंद-प्रास को
प्रणति की तरह
अज्ञात के सामने अर्पित करने का
समय।
निछान प्रतीक्षा का समय
प्रार्थना के बाद यति का समय
साँकल खोलने
कीचड़-सने जूते उतारने
छाता और लाठी कोने में धरने
गुनगुनाते
यात्रा पर निकलने का
समय।

अनंत का समय
आरंभ का समय।

16 जनवरी से 23 फरवरी 1992

वह नहाती है

1

वह नहाती है
मानो पानी से धुल जाएँगे

उसकी देह पर नख-शिख अंकित चुम्बन–
और पाती है
सद्यःस्नात कुचाग्रों
नाभि को
चकित नेत्रों को
उन्हीं चुंबनों की अधीर लौ में
तपते-कसमसाते।

2

वह नहाती है
मेरा प्रेम छूता है जल को
जल उसकी देह के दिगंबर वैभव को–
वह नहाती है
उसकी सुषमा को अवाक् निहारती है
जल की वाष्प-शिथिल आँख
लज्जा से लाल पड़ी आँख
चकाचौंध हुई जल की आँख।

3

वह नहाती है
बंद स्नानघर भी
खुला नदी-तट है
–जल फिर-फिर पहचानता है

उत्तुंग को, गहरे बसे हुए को,
श्यामाच्छादित त्रिभुज को।

वह नहाती है
प्राचीन तन्वंगी
अनंत के ओसारे में
कविता के गवाक्ष के नीचे
लज्जारुण जल से
या कि उत्तेजित कविता से।

26 अक्टूबर, 1994, सुबह 11 बजे

ओंठ

तराशने में लगा होगा एक जन्मांतर
पर अभी-अभी उगी पत्तियों की तरह ताज़े हैं
उन पर आयु की झीनी ओस हमेशा नम है

उसी रास्ते आती है हँसी
मुस्कुराहट
वहीं खिलते हैं शब्द बिना कविता बने
वहीं पर छाप खिलती है दूसरे ओंठों की

वह गुनगुनाती है
समय की अँधेरी कंदरा में बैठा
कालदेवता सुनता है

वह हँसती है
बर्फ़ में ढँकी वनराशि सुगबुगाती है

वह चूमती है
सदियों की विजड़ित प्राचीनता पिघलती है

रति में
प्रार्थना में
स्वप्न में
उसके ओंठ बुदबुदाते है.......

30 अक्टूबर, 1994, शाम 5 बजे

पास

पत्थर के पास था वृक्ष
वृक्ष के पास थी झाड़ी
झाड़ी के पास थी घास
घास के पास थी धरती
धरती के पास थी ऊँची चट्टान
चट्टान के पास था क़िले का बुर्ज
बुर्ज के पास था आकाश
आकाश के पास था शून्य
शून्य के पास था अनहद नाद
नाद के पास था शब्द
शब्द के पास था पत्थर

सब एक-दूसरे के पास थे
पर किसी के पास समय नहीं था।

1 नवंबर, 1994, दोपहर 3.30 बजे

दिवगंत माँ के नाम पत्र

व्यर्थ के कामकाज में उलझे होने से देर हो गई थी
और मैं अंतिम क्षण तुम्हारे पास नहीं पहुँच पाया था;
तुम्हें पता नहीं उस क्षण सब-कुछ से विदा लेते
मुझ अनुपस्थित से भी विदा लेना याद रहा था या नहीं;
जीवन ने बहुत अपमान दिया था, पर कैंसर से मृत्यु ने भी
पता नहीं क्यों तुम्हारी लाज नहीं रखी थी;
अपना अपमान और अपने हम लोगों के लिए
मोह को साथ लिए
क्या तुम अभी भी उस देश में भटकती हो ?
यहाँ ईश्वर के घर में उसके किसी संत के सुनसान में बैठा
मैं अपनी असह्य अपवित्रता से सोचता हूँ
कि क्या वहाँ अपमान का चेहरा बदल जाता है :
वह बह जाता है कलुष की तरह या
घनीभूत होकर जड़ जाता है अस्तित्व पर ?

यहाँ एक छोटा-सा मुहल्ला है
जहाँ लोग एक-दूसरे की मदद करते हैं
दूध में असावधानी से आता है उफान
मन-भर नमक पड़ता है सब्ज़ी में
लोग भोजन के पहले ईश्वर को धन्यवाद देते हैं
पवित्र पुस्तक को हाथ लगाते हैं
अपने कुत्तों को सुबह-शाम बाहर घुमाने ले जाते हैं;
यहाँ तुम नहीं हो : यह परदेश है
पर लगता है वही गोपालगंज है बकौली—कठचंदनवाला
और यहाँ का कुआँ हमारे घर के अंदर है

जिसके पास हम सब नहाते थे
यों तो पानी से, पर तुम्हारे सजल लाड़-दुलार से....

तुम्हारे बाद ही वह किराए का मकान ख़ाली कर देना पड़ा
और वह मुहल्ला हमसे हमेशा के लिए छूट गया
उसके लोग, उसकी गंध, उसके अँधेरे-उजाले
सब जाते रहे
साथ ही हम सबका लड़कपन-बचपन-तुम्हारा जीवन
हमारे बड़े होने पर झरता तुम्हारा हरसिंगार
लंबे काका के साथ कई किलो थोक सब्ज़ी ढोना
सुबह-सुबह बाज़ार
और कभी-कभी गुस्से में
काका के भोजन की थाली का झन्नाकर गिरना
पूरे घर का भयभीत होना और फिर
तुम्हारे चेहरे की तरह शांत हो जाना
सब चला गया
और अब बिल्कुल कहीं और
इस मठ के प्राचीन आँगन में
रत्ती-रत्ती लौटता है
जैसे यहाँ घटा हो
पच्चीस-तीस बरसों पहले नहीं
कई शताब्दियों पहले......

यहाँ की गली में तुम दिखती हो
वृंदावन मंदिर से लौटती हुई
या कि नलिनी जयवंत की कोई फ़िल्म देखकर
अभी रुकेगा ताँगा और उससे उतरेंगे मेहमान

तुमने अंदर कहीं न जाने कहाँ उनके लिए चाय चढ़ा दी है
और तुम मुझे दौड़कर सामने नाना के यहाँ से
कुछ खुरमा-नमकीन लाने को कह रही हो.....

यहाँ ईश्वर की इस सख़्त अभेद्य-सी प्राचीर में
कहाँ से खुल जाता है तुम्हारा भंडार और पूजाघर
जहाँ अनाजों, दालों आदि के भरे कनस्तरों के पास
एक आले में लटके हैं तुम्हारे भगवान
और सामने रामचरितमानस की पुरानी पड़ती प्रति
कुछ फूल और चावल के दाने
खड़ी बोली के जन्म के कई सदियों पहले
तुम्हारा प्रार्थना की तरह गुनगुनाना.....
यहाँ के भय में गूँज रहा है.....
यहाँ की पितृलय में अवतरित हो रहा है तुम्हारा मातृसमय
एक बूढ़े मठ में अकेला बैठा मैं एक अधेड़ कवि
तुम्हारा बड़ा बेटा
जिसकी अधेड़ आयु में तुम्हारी आयु जुड़ रही है
जिसके समय में तुम्हारा समय
रक्त में तुम्हारा उत्ताप
जिसकी आत्मा के अँधेरे में तुम्हारा वत्सल उजाला
यह पवित्रता जो मुझे बलात् झुका रही है
यह निर्जनता जो अंतर्ध्वनित है वंदना से
यह अपने-आप में संपुंजित होकर एक पुष्प की तरह समर्पण
यह दूर पहाड़ियों तक पूजाघर की घंटियों का नाद
मैं इस सबको तुम्हारा नाम देता हूँ दिदिया.....

अनंत में जहाँ तुम हो

पितरों के जनाकीर्ण पड़ोस में
वहीं अपने ढीले पैंट को सम्हालता
मैं भी हूँ गुड्डन
जैसे यहाँ इस असंभव सुनसान में तुम हो
इस कविता, इन शब्दों, इस याद की तरह
दिदिया.....

2 नवंबर 1994, शाम 4.15 बजे

दो प्रार्थनाएँ

बेटी के लिए

पेड़ों, पौधों, फूलों, गिलहरियों, चिड़ियों और टूरी कुतिया की
हरियाली, गरमाहट और निकटता से उसने
अभी निकलना शुरू किया है
वह समझ नहीं पाती कि लोग मददगार क्यों नहीं हैं ?
क्यों लाचार, अकेले और नाराज हैं ?
सुंदरता घरों में क्यों सजी रहती है ?
चौक-बाजार फूहड़ क्यों हैं ?
लोग क्यों मन मारकर कर लेते हैं स्वीकार ?–
उसके पास क्यों का लंबा सिलसिला होने लगा है,
कैसे की एक सँकरी-सी गली भी नहीं।
उसे पाने दो कामकाज में ही सुंदरता
उसे सयानापन दो,
पर बची रहने दो उसकी निरनुभव सरलता
उसे सख़्त दुनिया में संघर्ष करने की इच्छा और शक्ति दो,

पर खिली रहने दो उसके मन में कोमल-हरी पत्तियाँ।

उसे थोड़ा-सा भरोसा दो कि
हाथ ही नहीं शब्द भी दुनिया को समझाते, सुघर बनाते हैं।
उसे थामो कि वह फ़ैसला देने में जल्दी न करे
क्योंकि दुनिया जितनी हमारी, उससे कहीं अधिक दूसरों की है।
उसकी नींद गहरी और सपने निगहबान रहें
पर अगर काम पर जाना है तो
उसे सुबह थोड़ा जल्दी उठने को कहो,
कम-से कम चिड़ियों और सूरज के साथ तो !

बेटे और बहू के लिए

यह कहना मुश्किल है कि
चौड़े-फैले काग़जों पर वे दोनों अपना सपना अंकित करते हैं
कि सच खींचते है

पता नहीं किन पेसिंलों, किन औज़ारों से
वे संरचते हैं दूसरों के लिए कुछ
और उसमें थोड़ा-सा अपना सच भी रचा देते है।
उन्हें दीखता है बाहर जिसे वे अंदर भी लाना चाहते हैं
और वह अंदर जिसे वे गहरा और स्पंदित करना चाहते है।
वे खोलते हैं द्वार, खिड़कियाँ, ख़ाली जगहें
जिनमें से वे नहीं, दूसरे गुज़रेंगे।
उन्हें सीख दो कि
हमारा अपना कोई घर नहीं
पर हम जहाँ रहते हैं कुछ हमारा हमेशा के लिए छूट जाता है

हमसे अलग और स्वतंत्र।
बहू को जताओ कि
वाजिब दामों पर फल-सब्जी खरीदने
इतनी दूर जाने की ज़रूरत नहीं
पैसा नहीं बचा पर रचने की शक्ति तो जमा है !
जूनू को खाने के पहले नहाना चाहिए न कि शाम के वक्त
और मैले-कुचैले क़पड़ों से गुरेज़ करना चाहिए,
उन्हें साथ होने के अलावा
कभी-कभी अकेला हो सकने की जुगत सिखाओ
उनसे कहो कि दुनिया को कुछ बेहतर रहने लायक बनाने की
धुन न छोड़ें
कवि और नर्तकी के बेटे-बहू होने का उन्हें सच्चा अभिमान हो
उन्हें भी जगह दें जो एक दिन दग़ा करेंगे
और हमेशा याद रखें कि
आँखें सिर्फ़ सच देखने के लिए ही नहीं
सपना देखने के लिए भी हैं।

3-4 नवंबर, 1994

उम्मीद चुनती है 'शायद'

उम्मीद चुनती है अपने लिए एक छोटा-सा शब्द
शायद–

जब लगता है कि आधी रात को
दरवाज़े पर दस्तक देगा वर्दीधारी
किसी न किए गए जुर्म के लिए लेने तलाशी

तब अँधेरे में पालतू बिल्ली की तरह
कोने में दुबकी रहती है उम्मीद
यह सोचते हुए कि बाहर सिर्फ़ हवा हो
शायद।

फूलों से दबे संदिग्ध देवता के सामने हो रही
कनफोड़ आरती, कीर्तन
और घी-तेल की चीकट गंध में
किसी भुला दिए गए मंत्र की तरह
सुगबुगाती है उम्मीद
कि शायद आपके नैवेद्य और चिपचिपाती भक्ति के नीचे
रखी रह गई हो थोड़ी-सी सच्ची भक्ति

अब लगता है कि भीड़-भाड़ भरी सड़क पर
सामने से बेतहाशा तेज आ रहा बेरहम ट्रक
कुचलकर चला जाएगा
उस न-जाने-कहाँ से आ गई बच्ची को
तभी उम्मीद
किसी खूसट बुढ़िया की तरह
न-जाने कहाँ से झपटकर
उसे उठा ले जाएगी
नियति और दुर्घटना की सजी-धजी दुकानों के सामान को
तितर-बितर करते हुए।

शायद एक शब्द है
जो बचपन में बकौली के नीचे खेलते हुए
अकस्मात् झरा था फूल की तरह–

शायद एक पत्थर जो खींचकर किसी ने मारा था
परीक्षा में अच्छे नंबर न पाने की उदासी पर–
शायद एक खिड़की है जिससे देखा था
धूमिल होती जाती प्रियछवि को
शायद एक अनजली अस्थि है
जिसे मित्रशव को फूँकने के बाद
हम वहीं भूल गए
जहाँ चिता थी
और जिसे आज तक किसी नदी में सिरा नहीं पाए हैं।

उम्मीद ने चुना है
एक छोटा-सा पथहारा शब्द
'शायद'।

एकादशी

1

पूछता है एक
दूसरे से–
क्यों तुम्हारा ही
स्पर्श और मर्दन क्यों ?
लज्जारुण पृच्छा
स्पंदित हुई पूरी देह में।
वाम था मैं–
धीरे से फुसफुसाया एक,
दूसरे ने कहा–

दक्षिण हूँ मैं वामा का ही !

छुआ गया अंग एक
पर लजाया,
रोमांचित हुआ दूसरा,
तीसरा
मन ही मन द्रवित हुआ,
अपने ही भार से
तन-सा गया चौथा,
पाँचवें ने जाना
पर अबोध रहा,
छुआ गया एक ही !

3

अँधेरे में कसमसाते हुए
फिर प्रफुल्ल होकर
सिर उठाकर
उदग्र
कुसुम खोजता है
बँधने और मरने को
वह रहस्य में ढँका अँधेरा
आर्द्र कुसुम।

4

अपनी ही गझिन झाड़ी से ढँका
अपने ही रस से द्रवित
वह रहस्यफूल

अनजाने भी
प्रतीक्षा करता है
बिंधने–भरे जाने की
किसी ज्वलंत पुष्प से।

5

वह शरीर का आर्द्र अदृश्य स्वप्न है
वह विकल अँधेरा है
वह द्रवित ज्योति है
वह सुख की दरार है
देहरी है तृप्ति की
वह अर्द्धचंद्र है केलि की।

6

उस पर नहीं गिरती चाँदनी
अपने ही अँधेरे से घिरी
उसके आर्द्र व्योम में
दमकती है
उसकी ही कोजागरी।

7

फिर बेंध लेना, मथ देना, भर लेना
अपने उस उदग्र हठी पुष्प से
अभी तो मुझे
चंपक से, पारिजात से
जूही-चमेली-मौलश्री से सजाओ

क्या फूलों से फूल को नहीं सजाते ?

8

फूल जब फूल को
समो लेगा
तो फिर ये फूल कहाँ झर जाएँगे ?

9

नेत्र भरे हैं
स्वप्न और प्रियदर्शन से,
उरोज
यौवन से,
सघन जंघाएँ
रसलालित्य से,
मैं कब कैसे भरी जाऊँगी ?
या ऐसी ही रह आऊँगी
अपने रसभरी ?

10

मैं नहीं जान पाती
क्या लपक-झपक होती है
ढीठ कुसुम
कभी ऊपर से, कभी नीचे से
कभी न जाने कहाँ से अचानक आकर
मुझे गह ही लेता है।

11

अपने अँधेरे में
उसके अँधेरे में
मैं कसमसाते हुए
पानी-पानी होते हुए
कहूँ भी
हाँ
तो उसे कैसे दे सुनाई ?
यह उज्जवल स्वीकार
कैसे दे दिखाई ?

1988

उसका दुख

उसका दुख उसी के पास था
जैसे कि उसकी आत्मा
त्वचा
या अस्थियाँ।

उसके अलावा
दुख के लिए
कोई और घर नहीं था।

शब्द थे, हँसी थी,
साथ थी रोज़मर्रा की चहल-पहल

और तनाव थे,
और उन्हीं में अदृश्य सा घुला-मिला
दुख भी था
जिसे कोई नहीं जानता
अब शायद वह भी नहीं।

पर दुख था
कोने में जमे ठंडे अँधेरे की तरह,
शाम की अधखुली खिड़की पर चोंच मारती चिड़िया की तरह,
काफ़ी के कप में हर दिन छूट गए तलछट की तरह,
शरीर में चाहत के अनचाहे कंपन क़ी तरह,
उसका दुख था।

उसने दुख से नहीं जानी दुनिया,
उसने अपने दुख का बोझ नहीं डाला अपने प्रेम पर,
उसने दुख को झरने दिया अपने ही ऊपर
रेशा-रेशा
पल-पल,
ऐसे कि न उसे न दुख को याद रहे कि
वह है और उसका दुख है।

1995

उसे लगता है

उसे लगता है
एक दिन उसके हाथों में कुछ नहीं रहेगा

न प्रेम के हाथ–
न राहत की गरमाहट,
न स्पर्श का सुख।

वह गँवा देगी अपना बचपन
भले कुछ गुड़ियाँ और टूटी साइकिल बची रहे स्मृति में,
वह गँवा देगी अपना यौवन
भले प्रेमासक्ति के अनेक निबिड़ क्षण और
चाहत का झिलमिल उजाला आता रहे
उसकी अधेड़ होती खिड़की से,
वह गँवा देगी अपना रक्तिम सच
भले उसके पास फिर भी बचा रहेगा
उसका अपार दुख,
उसे अर्जित करने का कठिन उपक्रम।

उसे क्यों नहीं लगता है कि
गँवाने के बाद आती है
वह परिपक्व उज्ज्वलता
अपने और भविष्य के आर-पार देखने की
पारदर्शी हिम्मत
और तभी हम रचते हैं
अपनी जिजीविषा और अपना समाधान
एकबारगी एक साथ और प्रेम की गोधूलि में निपट अकेले.....

1995

पश्चाल्लज्जा

उसके सामने
वस्त्र पहनने में लजाती है वह
चाहती है वह दूसरी ओर देखे–
मानो अभी कुछ पहले
उसके साथ दिगंबर
रत-उत्तप्त विकल
सक्रिय-उदग्र कोई और ही थी–
अभी-अभी जो सघन सच था
उसे सपने की तरह
वहीं शय्या पर उसके साथ
छोड़ते हुए.....

1995

दिगंबरा-1

वह शिखा थी
निष्कंप नहीं, स्पंदित–
काँपती हुई।
किसी कातरता से नहीं,
अपनी ही स्वयंप्रभा कामना से।
वह नेत्रों में थी–गहरी और प्रज्वलित
सपनों की-सी चमक लिए
वह ओंठों पर चमक रही थी,
जैसे छाप हो।

वह निम्ननाभि थी
–अपने उद्दाम अतिरेक में कसमसाती हुई,
वह श्याम झाड़ी में छुपा
आर्द्र कुसुम थी,
अपने अँधेरे अंतरिक्ष में
सुख के उज्ज्वल आलोक की प्रतीक्षा में।

वह शिखा थी
उसकी पूरी देह दीपक थी
प्रेम में जलती हुई
दिगंबरा।

1994

दुःख का शिल्प

अकेले नहीं आता दुःख

साथ लाता है बहुत सारी यादें, पुरानी गुदड़ी
अँधेरे में भभकती-बुझती आँच और लौ
आता है अकस्मात्
खाने की मेज़ पर
भरे करेले की गंध से अछूता
टाइपराइटर के घिसे हुए अक्षरों की यति में
भाषा के रोशन ओसारे में
अकेले नहीं आता दुःख

दस्तक देता है अकेले
पर सुख को मोड़ की पुलिया पर बैठा आता है
लाता है बोरा अटाला भरने के लिए
जल्दी-जल्दी भरता है भरोसे, आशाएँ
सपने सब गड्डमड्ड
किताबें और पांडुलिपियाँ, चिट्ठियाँ
जाड़ों की निकटता और गरमाहट के स्वप्न से वंचित कपड़े
सब ले जाता है
छोड़ जाता है बरामदे में चिड़ियों का कलरव
हरी घास में रेंगते अदृश्य कीड़े
रसोईघर में सूख-सी गई ककड़ियाँ
आत्मा के अँधेरे तहख़ानों में जासूस की तरह
टोह लेती कविताएँ
रक्तशिराओं की तरह भरे हुए शब्द

दुःख अकेले नहीं आता है,
अकेले नहीं जाता है।

1995

देर हो जाएगी

देर हो जाएगी—
बंद हो जाएगी समय से कुछ मिनिट पहले ही
उम्मीद की खिड़की
यह कहकर कि गाड़ी में अब कोई सीट ख़ाली नहीं।

देर हो जाएगी
कड़ी धूप और लू के थपेड़ों से राहत पाने के लिए
किसी अनजानी परछी में जगह पाने में,
एक प्राचीन कवि के पद्य में नहीं
स्वप्न में उमगे रूपक को पकड़ने में,
हरे वृक्ष की छाँह में प्यास से दम तोड़ती चिड़िया तक
पानी ले जाने में
देर हो जाएगी–

घूरे पर पड़े
सपनों स्मृतियों इतिहास के चिथड़ों को नबेरने
पड़ोसी के आँगन में अकस्मात् गिर पड़ी
बालगेंद को वापस लाने,
यातना की सार्वजनिक छवियों में दबे निजी सच को जानने,
आत्मा के घुप्प दुर्ग में एक मोमबत्ती जलाकर खोजने
सबमें देर हो जाएगी–

देर हो जाएगी पहचान में
देर हो जाएगी स्वीकार में
देर हो जाएगी अवसान में

1994

मल्लिकार्जुन मंसूर

1

काल के खुरदरे आँगन में
समय के लंबे गूँजते गलियारों में
वे गाते हैं
अपने होने के जीवट का अनथक गान

वे चहलकदमी करते हुए
किसी प्राचीन कथा के बिसरा दिए गए नायक से
पूछ आते हैं उसका हालचाल

वे बीड़ी सुलगाए हुए
देखते हैं
अपने सामने झिलमिल
बनते–मिटते संसार का दृश्य

देवताओं और गंधर्वों के चेहरे
उन्हें ठीक से दीख नहीं पड़ते
अपनी शैव चट्टान पर बैठकर
वे गाते हैं
अपने सुरों से
उतारते हुए आरती संसार की

वे एक जलप्रपात की तरह
गिरते रहते हैं–
स्वरों की हरियाली

और राग की चाँदनी में
अजस्र

वे सींचते हैं
वे जतन से आस लगाते हैं
वे खिलने पर निश्छल प्रसन्न होते हैं
वे समूचे संसार को एक फूल की तरह चुनकर
कालदेवता के पास
फिर प्रफुल्लता पर लौटने के लिए
रख आते हैं

वे मल्लिकार्जुन मंसूर हैं
वे धीर समय हैं
अविचल काल हैं
निश्छल हँसी हैं

वे बूढ़े ईश्वर की तरह सयाने-पवित्र
एक बच्चे की फुरती से
आते हैं–
उँगली पकड़
हमें अनश्वरता के पड़ोस में ले जाते हैं

2

अपनी रफ्तार से चलते हुए
बहुत बाद में
आते हैं
मल्लिकार्जुन मंसूर

और समय से आगे निकल जाते हैं

उलझनों-भरे घावों-खरोंचों से लथपथ
टुच्चे होते जाते समय से
आगे,
उनके पीछे आता है
गिड़गिड़ाता हुआ समय
दरिद्र और अपंग
भीख माँगता हाथ फैलाए समय—
हाँफता हुआ

मल्लिकार्जुन मंसूर
अपने भरे पर फिर भी सीधे बुढ़ापे में
हल्का-सा झुककर
रखते हैं
काल के कंधे पर अपना हाथ,
ठिठककर सुलगाते हैं अपनी बीड़ी
चल पड़ते हैं फिर किसी अप्रत्याशित पड़ाव की ओर
अपने लिए कुछ नहीं बटोरते उनके संत-हाथ
सिर्फ़ लुटाते चलते हैं सब-कुछ
गुनगुनाते चलते हैं पंखुरी-पंखुरी सारा संसार

ईश्वर आ रहा होता
घूमने इसी रास्ते
तो पहचान न पाता कि वह स्वयं है
या कि मल्लिकार्जुन मंसूर

3

राग के अदृश्य घर का दरवाज़ा खोलकर
अकस्मात् वे बाहर आते हैं
बूढ़े-सरल-सयाने

राग की भूलभूलैया में
न जाने कहाँ
वे बिला जाते हैं
और फिर एक हैरान बच्चे की तरह
न जाने कहाँ से निकल आ जाते हैं

वे फूल की तरह
अक्षत-दूर्वा की तरह
पवित्र जल की तरह
राग को रखते हैं
करते हैं आराधना
होने के आश्चर्य और रहस्य की
वे ख़्याल में डूबते हैं
वचन में उतराते हैं

वे गाते हैं
जो कुछ बहुत प्राचीन हममें जागता है
गूँजता है ऐसे जैसे कि
सब-कुछ सुरों से ही उपजता है
सुरों में ही निवसता और मरता है

1991

यही हमारा समय है

यही हमारा समय है–
मुँहफेरे शोर से बचाकर सहेजे कुछ शब्द
मेज़-भर वसंत
बौराने के बाद भी निष्फल आम्रवृक्ष
बीच-बीच में भजन की तरह अनुगूँजता
दिवंगत माँ का अपमान
यही हमारा समय है।

यह कविताओं और प्रेम में बार-बार लौटता अनंत
ऊपर जा रही नसैनी पर फिसलता पाँव
क़िले की दीवार की दरार में उग आई घास
यही हमारा समय है।

यह ढलान पर ठिठकती-सी आयु
क़ागज़ों के बीच रखी और बिसरा दी गई पवित्रता
धूल-बवंडर के पार
अचानक उठा अभय का हाथ
यही हमारा समय है।

यह कर्फ़्यू से झड़ी-पुँछी सड़क पर
दस बरस की लड़की का
खड़िया से ख़ाका बनाकर बेख़बर खेलना
बूढ़े का हर सुबह मृत्यु को धूल की तरह बुहारकर
घूरे पर फेंकना

उम्मीद की आख़िरी बस की देर तक प्रतीक्षा
यही हमारा समय है।

यह सदियों का गलियों में बिल्लियों की तरह घूमना
चिथड़ों की तरह सपनों का मोड़ पर फड़फड़ाना
आँगन-भर धूप, धूल से ढँकी-सी चाँदनी
रुक-रुककर होती बारिश
बार-बार जलती-बुझती आग
सहमकर बहती हवा
यही हमारा समय है।

यह भरोसा ढहाकर किया गया अश्लील अट्टहास
निर्लज्जता का दिग्विजय के अश्व पर देशाटन
आततायियों के तहख़ानों में
सुरंग लगाकर पहुँचा आदिसत्य
यह बस्तियों के ऊपर घृणा का मेघाच्छादंन
यही हमारा समय है।

यह थोड़ी देर के लिए हाथ में हाथ
प्रसन्न आँसुओं में बहते भय के रेशे
मुकाम आ जाने के बाद भी
बस की अपनी सीट न छोड़ने की इच्छा
यह दुख की अपार रेत में
अकस्मात् गड़ता सुख का पैना-सा कंकड़
यही हमारा समय है।

1993

हमारी बनाई दुनिया

हमारी बनाई दुनिया
नष्ट नहीं होती
हमारे बाद;
वह नष्ट होती है
हमारे ही सामने
धीरे-धीरे
और कई बार ऐसे कि
हम समझ नहीं पाते कि वह नष्ट हो रही है।

खिड़की के परदे बदल जाते हैं;
बैठकख़ाने में रखी चीज़ों का विन्यास
ऊबकर हम कुछ और कर देते हैं;
डाल आते हैं कुछ मूर्तियाँ या प्रतीकचिह्न पिछवाड़े
अटाले में;
पुस्तकों की नई तरतीब में
खोजे नहीं मिलतीं कुछ पुरानी
कमज़ोर और पीले पड़ गए पन्नों वाली पुस्तकें;
ऐन वक्त पर याद नहीं आते
अपनी ही कविताओं के कई शब्द और रूपक।
वैसे ही सुबह उठते हैं
और कुहरे में घूमने जाते हैं
गुलूबंद लपेटकर;
और वैसी ही गर्म-हल्की चाय पीते हैं

अख़बारों का इंतज़ार करते हुए;

फटी हुई कॉलर को रफू करवा लेते हैं।
किसी की करुणगाथा सुनने का धीरज
अपने-आप कम होता जाता है।
अपने बाबा का सफ़ेद दाढ़ी से ढँका चेहरा
ठीक-ठीक याद नहीं आता
और न ही वह रंग
जो स्वीकार की शाम उस पर था।

भूलने से शुरुआत होती है नष्ट होने की–
याद करने और भूलने से ही बनती है हमारी अपनी दुनिया
और भूल-याद कर ही हम उसे
नष्ट करते हैं
अपने ही सामने।

1995

जीवन या कविता ?

पतझर का मौसम तो नहीं है
अलबत्ता कुछ झीनापन-सा हवा में है :
लगता है जैसे कुछ झर रहा है।

सीढ़ियों तक बढ़ आई है हरी घास
जिस पर ठंडी नमी छा जाती है,
बगल का मोड़ तक धुंध में जाता है डूब–
लगता है सब-कुछ पास आ रहा है,
सघन हो रहा है :

फिर अचानक यह अहसास कि कुछ छिटक रहा है।

नापने-जोखने के बावजूद समय का ठीक पता नहीं चलता;
बस यही लगता रहता है कि कम हो रहा है—
हरी पत्ती पर चढ़कर उसे कुतरती चलती है हरी इल्ली :
समय हमें हमरंग होकर कुतर रहा है।
लगता है कि पता नहीं कहाँ हम हिलगे-से है !

यह कौन-सा मौसम है ?
कौन-सी जगह ?
कौन-सा समय ?
झरते छिटकते कुतरे जाते भी हम
बचा-खुचा जो बटोर-सहेज रहे हैं
क्या वही जीवन है
या कि कविता ?

1995

थोड़ा-सा इतिहास

हमें थोड़ा-सा इतिहास चाहिए
बस इतना कि
जैसे नलके में पानी न आ रहा हो
तो चुल्लू-भर पानी से भी मुँह धोया जा सकता है।

ज़्यादा इतिहास पुस्तकों-पोथियों और
पुरानी इमारतों के पास है।

हमारी ज़िम्मेदारी तो इस आड़े-तिरछे समय में
किसी तरह बचे रहने की है,
इतिहास बनाने-बचाने का ज़िम्मा
सौभाग्य से हम पर नहीं है।
जीने के लिए थोड़ा इतिहास चाहिए
जैसे थोड़ा-सा सच
और थोड़ा-सा सपना।
जिन पर है इतिहास का बोझ
वे अब साफ़-साफ़ हमारे मुहल्ले में दिखाई नहीं देते।
शायद तड़के घूमने जाते हों अपने कुत्ते के साथ,
शायद देर रात कोई मोटी पोथी बाँचते-लिखते हों,
शायद किसी तहख़ाने में
कोई छुपी चीज़ या रहस्य खखूरते हों दोपहर के सुनसान में।
सुनते हैं लड़ाइयाँ करीब-करीब खत्म हो चुकी हैं।
कहते हैं रोज़मर्रा की झंझटें ही इन दिनों बना रही हैं इतिहास।
कोई पुराना हथियार कोई पुरामूर्ति, कोई जर्जर पाण्डुलिपि
नहीं छोड़ गये हमारे पुरखे
जिसे हम किसी संग्रहालय को बेच सकें।

हमें हार-जीत का कौशल नहीं
जीने की सीधी-सादी हिकमतें चाहिए
और उसके लिए थोड़ा-सा इतिहास काफ़ी है।

1996

●●●